La memoria

948

DELLA STESSA AUTRICE

Il cielo cade

Lorenza Mazzetti

Diario londinese

Sellerio editore
Palermo

2014 © Sellerio editore via Siracusa 50 Palermo
e-mail: info@sellerio.it
www.sellerio.it

2015 Terza edizione

Edizione pubblicata in accordo con Agenzia Letteraria
Vicolo Cannery

Questo volume è stato stampato su carta Palatina prodotta dalle Cartiere di Fabriano con materie prime provenienti da gestione forestale sostenibile.

Mazzetti, Lorenza <1928>

Diario londinese / Lorenza Mazzetti. – Palermo : Sellerio, 2014.
(La memoria ; 948)
EAN 978-88-389-3145-1
858.914 CDD-22

CIP – *Biblioteca centrale della Regione siciliana «Alberto Bombace»*

I dipinti riprodotti nel volume sono di Lorenza Mazzetti.

Diario londinese

a Lindsay Anderson

Oh Capitano!
Mio Capitano!

I

Volevo fuggire dalla Toscana, da Firenze e da questa casa bellissima, con le finestre sull'Arno che guardano San Miniato. Ancora negli armadi ci sono i loro vestiti, i vestiti dello zio e della zia, i nostri genitori adottivi, e quelli delle due cuginette, Luce e Cicci. Loro riposano nel cimitero di San Donato in Collina alla Badiuzza. Io e Baby, mia sorella gemella, stiamo qui nella grande casa sul lungarno delle Grazie.

Ho chiesto al mio tutore di darmi i soldi per andare in Inghilterra a passare le vacanze in una fattoria, dove mi pagheranno il lavoro che farò.

Parto con un gruppo di studenti di filosofia, un viaggio organizzato dall'Università di Firenze alla quale mi sono appena iscritta e che offre uno stipendio agli studenti che vadano a lavorare in una fattoria inglese.

Non vedo l'ora di prendere la nave, attraversare la Manica e vedere le famose scogliere di Dover, ma le mie speranze di fare una meravigliosa traversata svaniscono e mi ritrovo per ore insieme ad altre persone a vomitare l'anima per il mal di mare.

Arrivo così in Inghilterra dove i primi poliziotti che incontro mi chiedono il passaporto e con mia sorpresa mi scrutano dalla testa ai piedi parlottando fra loro. Devo aprire il mio zainetto e la mia valigia. Dopo un bel po' di tempo mi restituiscono il passaporto con un timbro. Ringrazio e finalmente entro in Inghilterra. Guardo il passaporto e leggo con meraviglia che sul timbo c'è scritto «*Undesirable Alien*».

Arrivo finalmente alla fattoria poco lontano da Londra. Sono emozionatissima!

Per la prima volta mangio i cornflakes con il latte e lo zucchero. Mi pare una meraviglia, sono fuori di me dalla gioia.

La campagna è bella ma tanto diversa da quella toscana.

Siamo tutti pronti, noi studenti, a lavorare. Si tratta di portare sacchi di patate da un posto a un altro. Vedo i miei compagni sobbarcarsi un peso notevole sulle spalle, ma avanzare comunque verso il posto indicato.

Adesso tocca a me. Mi viene posto sulle spalle un sacco di patate. Mi ritrovo sdraiata per terra con addosso un peso immane, sono trasecolata.

Il capo inglese è seccatissimo. Capisce che non sono utile e mi porta in un locale: qui le patate corrono sui binari, bisogna scegliere quelle buone e buttare quelle cattive. Il tutto va fatto molto presto perché passano velocemente.

Il capo mi guarda per vedere se sono brava, io mi emoziono e mi confondo. Butto via le buone e lascio le cattive. Lui se ne accorge, mi dà uno strattone e mi porta via anche da lì.

È sicuro che lo faccio apposta, ma per fortuna è l'ora di mangiare. Invece non mi fa mangiare, mi mette a girare il mestolo in un grande paiolo dove sta cuocendo il riso per tutta la gioventù. Man mano che l'acqua evapora il riso diventa sempre più asciutto e più difficile da girare.

Io mi metto a gridare perché non ne posso più, lui pensa che lo faccio apposta, non mi viene in aiuto, il riso si brucia. Ho rovinato il pranzo a tutti.

Il giorno dopo il capo mi mette nella stalla a rivoltare il letame. Cosa faticosissima, perché il letame è duro e dopo un'ora, secondo lui, ne ho capovolto poco.

Mi trascina alla mia tenda, mi dice di fare la valigia e di andarmene, mi accompagna all'uscita e mi lascia in mezzo alla strada aggiungendo di andare a cercarmi un altro lavoro e di fare l'autostop per arrivare in città.

Telefono a Baby, le racconto le mie sventure e le dico che aspetto i soldi dal tutore.

Prendo una stanza in una pensione in attesa dei soldi che mi manderà il tutore. Vado in giro per musei. Pago intanto la stanza, con i soldi con cui ero partita. I musei di Londra sono bellissimi.

Dopo alcuni giorni telefono a Baby per dirle che i soldi non sono arrivati. Mi risponde lui, il suo compagno, molto seccato, dice che non devo telefonare continuamente, che le gemelle devono imparare a vivere separate. Baby mi dice che certamente il tutore mi manderà i soldi.

Londra è una città così diversa dalle nostre, che mi sento finalmente altrove.

Dopo un mese ancora i soldi non sono arrivati.

Chiamo Baby che mi dice che certamente arriveranno. Baby cerca di consolarmi, ma sento che Stephen la chiama e le dice di non stare tanto al telefono.

Io starei ore a parlare con Baby e scoppio a piangere.

Esco dalla cabina telefonica.

È buio e fa freddo.

«Posso accompagnarla, signorina? Non ha paura a quest'ora, da sola, fuori casa?».

Questa condanna per cui le ragazze non possono andare in giro senza essere perseguitate dai bellimbusti.

«No», rispondo, «preferisco andare sola».

«Perché, perché?».

«Perché preferisco, grazie».

«E perché preferisce? Le do fastidio?».

«No, non è che lei mi dà fastidio, lei anzi è molto gentile, ma preferisco andare sola».

«Va bene, allora la lascio andare sola».

«Grazie».

«Non vorrei averla offesa».

«Ma le pare, perché mi dovrebbe avere offeso?».

«Allora se non l'ho offesa, signorina, mi dia la mano, facciamo la pace, salutiamoci da buoni amici».

«Ma non ci siamo mica litigati».

«No, ma insomma le ho dato fastidio e mi dispiace. Mi dia la mano e facciamo pace. Mi dia la mano e non la seguirò più».

Gli ho dato la mano e non me l'ha più restituita. Mi ha ficcato la lingua in bocca, mi ha succhiato le labbra facendomi male, appoggiati contro il muro la sua lingua vagava feroce e inquieta tra le mie labbra. Nella sorpresa e nella meraviglia anche per il fatto che non respiravo più mi sono svincolata. Ma la mia bocca è stata soffocata dalla lingua che penetrava audace e furibonda portandosi via pezzetti d'anima. Mentre la mia mano rapita veniva portata in lunghi corridoi tra me e lui, attraverso le porte aperte come per incanto dei suoi pantaloni... chissà dove... chissà dove.

La mia mano che non mi apparteneva più era diventata strumento delicato nella mano dell'altro. La mia lingua era stata rubata e si trovava ora tra i denti dell'altro come se questo fosse il suo posto naturale.

Lui premeva sempre più forte contro di me tanto che le mie scapole si confondevano con le pietre del palazzo contro cui mi aveva appoggiato.

Uno dei seni non mi apparteneva più. Il ladro infatti se lo lavorava come se fosse avorio per abbellirlo e lucidarlo. Ci soffiava sopra per appannarlo e per lucidarlo nuovamente.

L'altro seno a destra era lasciato completamente in disuso, ma non ho fatto in tempo a pensarlo, che ha rubato anche quello.

Improvvisamente il ladro mi ha restituito la mano coperta da una spuma bianca.

Sono fuggita.

Torno alla mia stanza, qui tutti salutano e poi si chiudono nelle proprie stanze. Io non parlo con nessuno. Mi metto a scrivere e a disegnare.

Domani vado al museo.

Com'è difficile girare da soli, anche al cinema, se ci vado, c'è sempre qualcuno che si siede vicino a me e dopo poco mi ficca la mano nella camicetta come se la cosa fosse più che normale. Eppure non ho mica la faccia di una puttana.

Quando andavo in giro con Baby era meglio.

Ho nostalgia di Baby!

Ho nostalgia di quando io e Baby passeggiavamo lungo l'Arno. Non mi dimenticherò mai di quella sera che faceva fresco, era bello e ci siamo sedute in un bar dove c'era musica.

Io e Baby ci sediamo in riva all'Arno in un bar dove fanno musica moderna, musica jazz. Che bello, siamo molto allegre.

Un signore alto e grosso si avvicina al nostro tavolo, si presenta come il signor Marcopulos e dice:

«Posso offrirvi da bere?».

Ci offre due birre.

Baby affascinata da questo signore gli domanda: «È un artista lei?».

Sì, risponde che è un cantante d'opera.

«Canto a Parigi, Londra, New York. Canto dappertutto. Ora sono in Italia».

«Davvero? Mio fratello è un poeta», dice Baby, accennando a me.

Infatti mi sono tagliata tutti i capelli cortissimi, ho messo una cravatta e i pantaloni. Adesso sono suo fratello gemello.

«Siete gemelli! Straordinario! Ho pensato subito che eravate persone straordinarie».

E Baby dice: «Anche lei ci sembra una persona straordinaria».

E lui: «Dunque questo è un giovane poeta! Amo la compagnia degli artisti. Non posso stare con la gente comune», dice.

Marcopulos ci invita a casa sua. Noi entusiaste andiamo, vuol farci vedere le sue fotografie a teatro. Sta preparando l'Otello.

«Chi è quella bella signora vicino a lei con quel bel vestito?».

«Desdemona», dice lui, «e questa invece è Ofelia».

«Signor Marcopulos ci canta qualcosa?» dice Baby.

Il gigante apre la bocca ed emette un suono terrificante. Mai avrei pensato che potesse venir fuori un tale rumore. Lui è molto soddisfatto, ci versa del cognac con il ghiaccio. «No signor Marcopulos, non ci versi altro da bere, ché ci fa male, anzi mi sento già male».

Mi sono alzata un po' barcollante per raggiungere il bagno, il signor Marcopulos mi aiuta, mi distende sul letto, un grande letto in una stanza tutta rossa di velluto, sembra un teatro. Otello mi guarda con gli occhi fissi, è enorme, si china su di me. Mi sono sentita sommergere dal grande corpo di lui e prima ancora che potessi liberarmi dalle sue braccia lui mi aveva sbottonato i pantaloni. Stavo per urlare quando lui è balzato lontano da me, tutto rosso in volto e sbigottito ha detto: «Ma sei una donna!».

Nella pensioncina dove abito tutti si dicono buongiorno e buonasera, ma poi si rinchiudono nelle loro stanzette. In Italia prima o poi si saprebbe un po' tutto di tutti. Qui invece il silenzio regna e l'incomunicabilità è legge. Il self-control e il perbenismo imperano sovrani. Perfino al ristorante il silenzio è rotto solo dal tintinnio delle forchette, dei coltelli e dei bicchieri. In Italia ci sarebbe un casino incredibile. Questa Londra è immersa nel silenzio e nella nebbia.

Io saluto sempre il professor Juilliar con un grande sorriso, perché lui mi risponde con un sorriso.

Vorrei tanto andare a trovarlo, parlare con lui, mostrargli le mie poesie scritte in francese.

Un giorno gli sorrido e gli dico:

«Posso venire a trovarla?».

Lui mi ha risposto con un'aria sorpresa:

«*Mais oui, sûrement. Venez!*».

«Vorrei mostrarle le poesie che ho scritto in francese, temo che l'ortografia non sia giusta. Potrebbe correggerle?».

«*Mais bien sûr! Venez demain à cinq heures*».

Alle cinque in punto mi precipito alla porta del professore. Ho con me le mie poesie. Busso.

«*Ah, je vous attendais, entrez, entrez, je vous en prie*».

Vedo per la prima volta la stanza del professor Juilliar. È molto più bella della mia, è una grande stanza con il camino.

Sono un po' impacciata, anzi molto impacciata. Ora che sono qui non so più cosa devo dire.

«*Entrez, s'il vous plaît*».

«*C'est moi*».

«*Je le vois*».

Il professor Juilliar mi guarda e mi dice:

«*Asseyez-vous, je vous en prie*».

Mi siedo sulla grande poltrona, ci sto due volte. Tengo sottobraccio la cartellina con le mie poesie. Il professor Juilliar si siede davanti a me e mi guarda fisso. Quel che mi piace di lui sono questi lunghi silenzi che mi affascinano.

«*Vous aimez tourmenter les hommes!*», mi dice lui.

«*Qui, moi?*».

«*Oui, vous*».

Pausa. Silenzio. Mi guarda fisso negli occhi con un sorriso.

«*Vous me troublez*».

«*Qui, moi?*».

«*Oui, vous*».

Ah, come parla bene il francese Monsieur Juilliar. Lo guardo negli occhi ma non riesco a dire nulla. Lui si mette in poltrona a leggere le mie poesie.

Desidero solo che lui corregga le mie poesie in francese, perché ci saranno degli errori.

Vedo sul camino le foto di una bella signora.

«Sua moglie?», dico.

«Sì», fa lui.

Io mi metto a parlare di Baudelaire e dico che ho letto che lui voleva recitare le sue poesie davanti ad un pubblico e aveva speso tutti i suoi soldi per preparare un rinfresco. Quindi si era seduto dietro il tavolo pronto per leggere le sue poesie. Ma il pubblico gli ha voltato le spalle per puntare al rinfresco. Allora anche lui ha lasciato le sue poesie e si è messo a mangiare con gli altri.

Non è una triste storia? Povero Baudelaire, chissà

come ha sofferto. Anche lui aveva un tutore che non gli mandava mai i soldi.

Prendo dal tavolo un libro del professore. «Come sono belli questi versi», dico.

Lui si alza dalla poltrona, si china sul libro e legge ad alta voce: «*Loin du monde je vis tout seul comme un ermite enfermé dans mon coeur comme dans un tombeau*».

«È Valery», dice, «l'ha scritta a quindici anni».

«È vero professore, siamo tutti eremiti, vero professore?».

Lui non mi ascolta. Mi guarda negli occhi. Il suo viso ha una piega come di dolore, di tormento. Si allontana da me, va in fondo alla stanza, e continua a fissarmi con quegli occhi, quella espressione grave, così grave che lo rende tanto affascinante.

«Si sente male professore?».

Il professore è molto pallido.

Lui, spingendomi con dolcezza verso la porta dice: «Andate ora, oggi non ho più tempo, e chiudete la porta dietro di voi».

Giù al portone mi accorgo di aver lasciato su il vocabolario. Salgo a quattro a quattro gli scalini che mi riportano nella sua stanza. Arrivo che non respiro più. Suono. Il professor Juilliar apre la porta. Balbetto che ho lasciato il mio vocabolario sul tavolo e mi scuso.

Lui mi stringe, mi stringe fra le sue braccia. Mi bacia, mi soffoca, mi ricopre di baci. Si distacca da me e mi guarda.

Io sono lì davanti a lui. Attendo che accada quel

che accada. Quel che sta per accadere. Non so bene cosa. Sono qui che aspetto. Il professore deciderà.

Il professore trema. Le sue mani tremano nell'accarezzarmi. Il suo viso non è più il suo viso. È cambiato. C'è un uomo che mi ha tra le sue mani come un oggetto di cui io vedo per la prima volta le forme e i colori. Io sono questo oggetto fra le sue braccia.

Non sapevo di avere due seni di porcellana che vanno in frantumi al solo tocco di una mano. Non sapevo di avere le guance di fuoco. Non sapevo che il mio orecchio vicino al suo petto potesse ascoltare il battito del suo cuore, il cuore degli uomini batte molto più forte del cuore delle donne.

Il professor Juilliar è una divinità che mi trasforma in altre cose. Io non sono più io. I miei capelli sono alghe e io mi trasformo al suo tocco. Acquisto rami e foglie.

Lui si allontana da me. Mi guarda, mi guarda negli occhi e vedo nel suo turbamento e nella trasformazione del suo viso che qualcosa di grande sta per accadere.

Sono a due passi dal mistero della vita, ma egli mi lascia andare via con il vocabolario e con la blusetta sbottonata. Perché?

Il professor Juilliar è un gentiluomo.

Telefono a Baby disperata. Non ho ancora ricevuto i soldi dal tutore.

Sono felice di sentire la sua voce.

«Ciao Penny», per lei sono Penny, come mi chiamava da piccola, «possiamo finalmente parlarci e dirci tutto, in questo momento non c'è Stephen. Come stai?».

«Sono disperata, non ho una lira, sto aspettando i soldi che non arrivano».

Baby mi dice piangendo: «Non avremo mai più una lira da questo tutore, ha venduto tutto per mettersi in affari e ha perduto tutto».

«Ma come, tutta la tenuta?».

«Sì».

«Anche la villa Liberty a Roma?».

«Sì».

«Anche la villa a Cervia?».

«Tutto. Non possiamo neppure mandarlo in prigione, perché abbiamo confermato la nostra fiducia in lui alla maggiore età, e quindi sembra che siamo corresponsabili della bancarotta».

«E tu come fai a sopravvivere?».

«Per fortuna ho trovato un lavoro presso l'editore Sansoni come grafica. Federico Gentile, figlio del famoso filosofo, dirige questa casa editrice, mi ha accolto molto generosamente».

Esco dalla cabina telefonica dove ho speso i miei ultimi centesimi, mi avvio verso la pensione dove ho preso alloggio da quasi due mesi. Da tempo mi si chiede di pagare e io continuo a dire che stanno per arrivare i soldi.

Una sera torno alla pensione e trovo le mie valigie, le mie scartoffie e i miei disegni per la strada. Non ho pagato l'affitto, mi hanno messo alla porta.

Chiedo invano di poter tornare nella mia stanza, ma mi viene negato. Non so veramente cosa fare, mi siedo sulla valigia e comincia a piovere. Piove e io piango. *Il pleut dans mon cœur comme il pleut dans la ville...* Ma forse, mi domando, non era *Il pleut dans la ville comme il pleut dans mon cœur*? Ma chi l'ha scritta questa poesia?

Piove su di me e su tutte le mie cose. La gente passa e non mi rivolge una parola.

Mi accorgo che stranamente non piove più. In realtà c'è un grande ombrello aperto sopra di me. È di un giovane giapponese immobile che sorride e mi copre con il suo ombrello, poi si china e senza dire una parola, prende la mia valigia e si avvia. Io lo seguo senza parlare.

Mi porta a casa sua, mi indica un lettino e mi prepara qualcosa da mangiare. Lui è timido timido e non fa che inchinarsi: io continuo a piangere e lui mi dà tanti bacini timidi che mi fanno piangere ancora di più.

Non sono pronta neppure per la calma e la serenità. Probabilmente sono solo pronta per l'apocalisse. Devo telefonare a Baby.

II

Eccomi arrivata. L'agenzia di collocamento mi ha trovato una bellissima casetta con giardino, proprio carina. Mi accorgo però con stupore che a destra e a sinistra c'è una schiera di casette uguali, e di fronte lo stesso. Non saprei mai riconoscere la mia.

Sono abituata a Firenze e all'Italia, dove la propria casa è particolare ed eternamente riconoscibile. Comunque busso alla porta e mi viene ad aprire una signora alquanto inanellata con collanine varie luccicanti.

Mi preoccupo di sembrare una vera cameriera, sono molto gentile e rispettosa. Dico precipitosamente di sì a tutto quello che lei chiede, quasi mi inchino come un maggiordomo davanti al suo padrone.

Lei non deve assolutamente scoprire il mio occhio destro, l'occhio della verità, con il quale la guardo stupefatta, terrorizzata alla sola idea di dover avere qualcosa a che fare con lei.

Dopotutto un maggiordomo è tanto più perfetto quanto più mantiene le distanze e l'ossequio fa parte di tutto ciò.

Lei sembrava leggermente disturbata da questo mio atteggiamento estremamente rispettoso, forse sentiva che, in un certo senso, non le veniva dato un rapporto di amicizia al quale lei ambiva molto più dell'ossequio, ma non si può chiedere oltre al servizio anche l'anima.

Breakfast ore 7, sveglia con un'aranciata.
Ore 8, tè con fette biscottate e marmellata, indi (e qui la cosa si fa un po' più complicata) *poached egg*, che sarebbe un uovo sodo, ma non troppo, da preparare in un recipiente apposito che rende l'uovo invece che tondo, piatto, da scaraventare sopra il toast e guai a romperlo. Indi, versato l'uovo semi sodo sulla fetta biscottata ricoperta di burro, essa viene servita con forchetta e coltello.

Ero agitatissima, durante la notte mi svegliavo e mi ripetevo le cose da fare. Insomma alle 7 ero già pronta in piedi con l'aranciata.

Busso alla porta e mi presento mantenendo l'ossequio taciturno e rispettoso. Speravo in un sorriso di compiacenza, ma vidi che non era molto soddisfatta. Mi disse di aprire la finestra e io obbedii, poi mi rinchiusi in camera mia in attesa delle 8 e mi misi a disegnare.

Mi domando: potrei girare contro il muro quel quadro che mi dà tanto fastidio, oppure è offensivo? Erano dei fiori dipinti, ma la cosa peggiore era la cornice, tempestata di vetrini luccicanti. Come se il leitmotiv di questa signora fosse il luccicare. Facevo finta di essere una cameriera, questo significa certamente fare teatro, un bravo attore dovrebbe riuscirci.

Per non impazzire cercavo di tracciare le mie coordinate. Tracciai un «Io» in mezzo al foglio e poi tanti fili, come una ragnatela, che finivano verso i punti cardinali che rappresentavano oggetti, persone o cose a me affini. Sì che alla fine questo complesso di fili rappresentava, secondo me, la mia personalità. Tra le varie linee che partivano dal mio «Io» verso qualcosa, ce n'era una che arrivava a Lorenzo il Magnifico, visto che mi chiamo Lorenza, poi una a Botticelli e una a Kafka e poi tante altre.

Come potrei vivere senza Tolstoj, senza Dostoevskij, senza Kierkegaard, senza Faulkner, senza Steinbeck e senza Gesù?

Io vorrei stare insieme ai miei amici, come Dante Alighieri quando dice:

Guido, i' vorrei che tu e Lapo ed io
fossimo presi per incantamento,
e messi in un vasel ch'ad ogni vento
per mare andasse
al voler vostro e mio.

Vorrei anch'io stare in quella barchetta e chiacchierare con loro, così traccio una linea dal mio «Io» fino a loro, ma anche Camus è molto importante per me, io non so se mi piace di più il suo personaggio Mersault o lui stesso, Albert, è così bello.

Ma Kafka mi è il più vicino ora, ho anche messo il suo ritratto in capo al letto, mi sento come lui.

Nel *Processo* K viene visitato da due personaggi che gli annunciano che lui è stato condannato a morte. La sentenza non ha spiegazione, se vuole cercarla deve andare a chiedere nel Palazzo della Giustizia.

K invano passa di giudice in giudice per chiedere spiegazioni, ma tra tutti i fogli che gli leggono, non esiste nessuna spiegazione, tant'è che il giorno stabilito, vengono a prenderlo e lo uccidono.

Tutti trovano molto misterioso questo libro, io lo trovo invece profetico.

Anche a casa nostra sono arrivati due signori per annunciare la sentenza di morte di mio zio.

«Ma che ho fatto di male, perché devo nascondermi? Perché dovrebbero uccidermi?». Così diceva lo zio e andava ripetendo questa frase disperato, fino a che la zia Nina lo supplicò di fuggire nel bosco e di lasciare la casa.

Lui fuggì e quando tornò la casa era in fiamme, sua moglie con le sue bambine erano state uccise.

Lo zio si uccise.

Come volevano i due signori.

La metamorfosi descrive un giovane disperato di non poter andare a lavorare perché una mattina non può fisicamente alzarsi dal letto.

A lui sembra che la sua colpa lo trasformi fisicamente in un essere non umano che fa orrore ai suoi familiari. L'indignazione e la vergogna del padre verso un figlio sono tali da punirlo e lasciarlo morire dentro uno sgabuzzino. L'odio e il disprezzo arrivano al punto di buttarlo alla fine nell'immondizia.

In realtà il giovane non ce la fa a vivere una vita normale, quando secondo lui la normalità e la calma sono una forma di indifferenza verso gli orrori del mondo, come avvolti nel sonno e nella nebbia.

La metamorfosi sembra quasi un grande atto di accusa contro il tran tran di una vita quotidiana indifferente alle ingiustizie passate presenti e future.

Kafka, spesso, mi pare che voglia dire esattamente il contrario di ciò che dice.

Anche io, come lui, non posso accettare di essere calma, serena, mangiare, bere e dormire, perché qualcosa mi dice che questa serenità non mi è permessa.

Devo fare qualche cosa, ma non so cosa, ma devo, devo, devo. Non so cosa. Impugnare una pistola?

Non potei finire il mio ritratto perché erano le 8 e dovevo servire la colazione alla mia padrona.

Lasciai il vassoio con compunzione sul tavolino vicino al letto e in punta di piedi me ne andai, tutto era perfetto. Ma lei non fu soddisfatta, perché forse avrebbe voluto che io mi fermassi a conversare.

Tornai nella mia cameretta, mi rimisi al tavolo e tracciai una linea diretta dall'Io a un punto e scrissi B, punto B, che stava per Baby, come io chiamo la mia sorellina, che è rimasta a Firenze con il suo fidanzato.

Bisogna che una volta finalmente vi stacchiate voi due, non potete vivere eternamente insieme. È ora che vi separiate...

No, io non mi separerò mai da mia sorella...

E allora sposatela! urla quell'imbecille.

Ma noi due siamo cresciute insieme!

Il lungarno delle Grazie si tinge di rosa ed io invece faccio la cameriera presso questa signora che vorrebbe che io le parlassi. Ma lei non è la mia mamma, e neanche la mia mamma adottiva che riposa nel cimitero della Badiuzza a San Donato in Collina con le sue due figlie, le mie cuginette, e con lo zio Robert e sopra c'è scritto «Nina, Luce, Cicci Einstein trucidate dai tedeschi».

Sono pronta per fare la spesa e tutto ciò che c'è da fare, ma la signora inanellata dice che la spesa la vuole fare lei, cucinare vuole cucinare lei e io spero in cuor mio che mi lasci almeno lavare i piatti.

Ogni giorno io mi rifugiavo sempre nella mia stanzina a scrivere, a leggere o a disegnare. Lei era sempre più curiosa di conoscere cosa io facessi in camera mia.

Io in realtà continuavo a cercare le coordinate del mio Io. Così tracciai una linea dal mio Io alla lettera N, che sta per Napoleone. Il mio grandissimo amore. E pensare che lo hanno fatto passare per un banale guerrafondaio. Invece è lui che ha portato in Italia e in Europa i valori fondamentali dei diritti umani, proclamati dagli Illuministi.

Insomma io Napoleone lo amo, perché quando è venuto in Italia, ha liberato gli ebrei dal ghetto, dando a tutti il diritto di culto.

Allora il papa si è arrabbiato e quando Napoleone è morto, ha mandato in giro per l'Italia uno squadrone di soldati che al grido di «Ave Maria» avevano il compito di riprendere gli ebrei liberati e rinchiuderli di nuovo nei ghetti. In più ha scritto il *Sillabo* nel quale definiva gli ebrei come «cani latranti».

C'è voluto Mazzini, il Risorgimento e Garibaldi per

sfondare il muro di Porta Pia e distruggere le mura del ghetto.

Allora il papa, sempre più arrabbiato, ha dato il placet a padre Ernest Jouin di pubblicare un documento, un falso storico che accusava gli ebrei di complottare per la conquista del mondo.

Il libello, intitolato *Les Protocoles des Sages de Sion*, piacque tanto a Hitler che lo fece ristampare.

Monsignor Jouin divenne una persona molto importante in Vaticano.

***

Una domenica esco nelle mie ore di libertà e vado al parco dei divertimenti. Torno a casa e trovo la porta della mia stanza spalancata e due policemen e la signora che rovistano dentro la mia unica valigia aperta sul lettino, le mie carte in disordine.

Mi fanno vedere una sottoveste di seta, la signora dice che è sua e gliela ho rubata, che sono una ladra e non mi vuole più.

I policemen mi consigliano di fare la valigia e di seguirli visto che la signora non mi vuole più. Io non mi difendo, non ho parole, non conosco neanche l'inglese, a bocca aperta li seguo.

Sono una ladra e vengo cacciata via.

I poliziotti mi accompagnano ad una agenzia per trovare un posto dove mandarmi.

Che ho mai fatto? La signora ha detto che ho rubato la sua biancheria intima. Boh?

Sono una ladra?

In realtà scopro poi che la ladra è la signora inanellata. È sparito il ciondolo di rubini che mi aveva regalato lo zio per la mia festa. Era della zia Nina.

Mi è rimasta una goccia di rubino conficcata nel cuore...

***

Prendo l'underground per andare a cercare un lavoro. Il programma è presentarmi a qualche ristorante per fare la cameriera, oppure mettere un annuncio per insegnare l'italiano o il francese, oppure ancora rispondere ad una inserzione «cercasi segretaria».

Come segretaria non vado bene, me ne rendo conto subito io stessa, le altre concorrenti hanno i tacchi alti, sono eleganti e non hanno lo zainetto sulle spalle, anche se magari non sanno bene il francese o l'italiano. Insomma vengo mandata via con gentilezza. Invece ricevo una telefonata di un signore che desidera moltissimo imparare l'italiano.

Sono emozionatissima, è la prima volta che guadagno col mio lavoro. Mi presento, mi siedo al tavolo e metto giù dei libri, dei fogli, due penne, tanto per dare un'aria seria a quello che sto per fare e per dire.

Dopo una mezz'oretta nella quale cerco di fare ripetere al signore «io amo tu ami egli ama» le cose non vanno molto bene, allora provo a declinare «io uccido tu uccidi egli uccide». Qui le cose vanno ancora peggio. Il signore è un bell'uomo, ricco, elegante, non la smette di tentare di baciarmi. Allora gli domando: «Ma lei vuole fare lezione o no?». E lui dice: «No, assolutamente no».

Mi ritrovo per strada con i miei libri e la mia dignità di professoressa in crisi.

Prendo la metropolitana, sono molto nervosa per cui sbaglio direzione, esco, rientro, mi pare di avere preso la direzione giusta, poi invece no. L'unica soddisfazione che ho è di non avere comprato il biglietto. Dopotutto è molto facile entrare in metropolitana senza biglietto, basta chinarsi e sgattaiolare dentro, poi se ti inseguono devi fermarti e non cominciare a correre, ma nasconderti in una delle tante gallerie.

Così mi siedo e mi rilasso, sono così stanca che non scendo alla fermata giusta. Devo tornare indietro, riprendere lo stesso treno, ma all'uscita vengo fermata dal controllore che mi chiede il biglietto.

Io agitatissima balbetto qualche cosa tipo «l'ho perso». A lui basta guardarmi per capire che mento e mi chiede gli estremi e l'indirizzo. Glielo do, abito in una stanzina presso una signora che affitta varie stanze.

Con mia grande gioia, un giorno ricevo posta, è l'Underground in persona che mi scrive con una bella carta da lettere intestata e mi chiede di presentarmi il giorno tale per non avere pagato varie volte il biglietto.

Dovrò comparire davanti al giudice.

In Italia per una bazzecola del genere non si va a finire davanti al giudice, in Inghilterra invece sì. Ma questo non basta, il fatto è che il giudice si presenta su una specie di trono con una grande tonaca nera e in testa una parrucca, mi ricorda molto Robespierre.

Lorenza Mazzetti.

«Lei non ha pagato il biglietto dell'underground varie volte, si rende conto che è un reato reiterato?», dice il giudice.

Prima che lui continui il suo sermone, io urlo: «No! Non lo farò mai più!» e scoppio in un singhiozzo ripetendo all'infinito «No, non lo farò mai più!», eseguendo esattamente quello che il gentile policeman mi aveva consigliato di fare.

Robespierre si meraviglia e si commuove.

Pensare che io mi sarei presentata dicendo che insomma non era poi così grave non aver pagato il biglietto!

Con mia sorpresa, non riesco a fermare le lacrime, anzi, continuo a singhiozzare sempre più forte. A nulla servono le carezze e le parole delle persone che mi attorniano per calmarmi, io continuo inesorabilmente a singhiozzare.

Una volta data la stura alle lacrime, tutto il dolore represso dilaga.

Il giudice si china su di me e carezzandomi mi dice: «Non è necessario tanto dolore per un biglietto non pagato». E mi dà un buffetto sulla guancia.

Mi ritrovo tra le braccia del policeman che mi aveva consigliato di piangere.

***

Questa volta ho trovato lavoro in una bella casa di una famiglia colta e gentile. Lui è un professore dell'università, ha i capelli grigi e un'aria giovanile, lei è una bella donna bionda che si occupa delle bambine. Sono tutti belli e gentili. Fiori sul vestito della signora, fiori sul tavolo da pranzo, fiori in giardino.

È un trionfo di colori, dolcezze, ninne nanne, un tempo a me note.

Escono con dei cestini per raccogliere lamponi in giardino.

Anche noi andavamo a raccogliere le more con i nostri vestiti a fiorellini e cantavamo «*O Tannenbaum, o Tannenbaum, wie grün sind deine Blätter...*». Io Baby e anche Cicci cantavamo in coro.

Anche noi con i nostri panierini andavamo a cercare le more.

Vado a chiamare Luce, che venga con noi.

Luce davanti allo specchio si pettina i capelli, io la chiamo, ma lei continua a pettinarsi i capelli. Allora vado dalla zia perché venga con noi, ma la zia continua a spazzolarsi i capelli, non mi guarda e non mi risponde e continua a pettinarsi senza parlarmi.

Io e Baby usciamo sole ma che fatica, dove sono le more, dove sono i cespugli? Questo è un deserto, camminiamo in mezzo alla sabbia, abbiamo perso la strada. Ma dov'è la nostra casa?

Mi sveglio, sono a Londra.

I signori sono molto gentili e mi chiedono di sedermi a tavola con loro. Mi vengono le lacrime agli occhi, la tavola è apparecchiata, i bambini hanno raccolto i lamponi, tutti sono felici, mi chiedono ancora di sedermi a tavola con loro. Io sono qui e sono la cameriera, non resisto davanti a tanta felicità mentre ho un vuoto nell'anima.

Sono fuggita e non sono mai più tornata.

Con la mia valigia fuggo in cerca di un po' di infelicità. Mi fermo davanti a un ristorante, ho freddo, chiedo un *egg and bacon* e dopo offro i miei servigi come cameriera al ristorante. Laverò i piatti insieme a un cameriere di colore che si chiama Hamed.

Lavorerò due giorni alla settimana. Mi abbuffo e mi ingozzo pensando che così posso non mangiare gli altri giorni della settimana.

Ho trovato finalmente la mia infelicità, un posto più tetro non potrei averlo scelto.

Sono ridotta a rubare una sterlina trovata in terra, ma anche Hamed l'ha vista e dice che è sua perché l'ha vista prima lui. Da buoni amici la dividiamo a metà, lui mi dà 5 scellini e si tiene la sterlina.

Quando torno nella mia stanzetta, mi rendo conto che quella era l'ultima sterlina caduta dalle mie tasche.

***

Ho freddo, ho fame e sono immersa nella nebbia, questa nebbia che non si chiama nebbia, ma si chiama *fog*, perché appunto oltre a non vedere niente è pregna del fumo di tutti i camini di Londra e dell'underground.

Mi pare di vedere nel buio della strada una piccola luce. Mi avvicino. È un ristorante. Come invidio quelle persone sedute al caldo che mangiano. Vorrei poterci stare anche io, invece mi fanno male le mani dal freddo, tremo tutta, spiaccico la mia faccia sul vetro da cui posso godere della felicità altrui. Mi nutro del loro vino e del loro arrosto ed è talmente forte il profumo dell'arrosto che mi pare di mangiarlo anch'io.

Stupefatta da questo miracolo apro gli occhi e mi ritrovo nella mia stanzuccia. Ma con mio sbigottimento la stanza è piena del profumo dell'arrosto, come nel sogno. La cosa mi sconvolge, ma è proprio così.

Apro la porta e scopro che il profumo dell'arrosto proviene dalle stanze del piano terra.

Scendo le scale, mi ritrovo davanti ad una porta socchiusa, la spingo e appare davanti a me, incredibile, un'immensa zuppiera tonda fumante poggiata su un tavolo quadrato con intorno bambini e adulti che mi sorridono e che mi fanno cenno di entrare.

Mi circondano, mi fanno sedere e mi invitano a mangiare con loro ridendo e scherzando con incitazioni allegre e divertite. Mi abbracciano e mi commuovo.

Mi asciugo le lacrime con la salvietta facendo finta di pulirmi la bocca. Mangio felice, sorrido, finalmente.

Scopro che questo cibo straordinario che io non ho mai mangiato, questa ambrosia divina, si chiama *curry*, e che questa gente così affettuosa sono indiani.

***

Trovo un altro lavoro alla «Soup Kitchen». Qui si offrono solo zuppe: zuppa di pomodoro, zuppa di piselli, minestrone e poi si offrono omelette, omelette con cipolle, con i funghi, con il formaggio e poi vari tipi di dolci.

Le zuppe vengono servite in ciotole, con pane e burro. È un posto frequentato da quelli che vanno a teatro. Si trova in pieno centro di Londra, a Charing Cross.

Finalmente mangio tutti i giorni. Ora telefono a Baby per dirglielo, che stia tranquilla perché io mangio tutti i giorni.

Telefono a Baby e lui ancora insiste con questa assurda storia che le gemelle devono imparare a vivere separate.

Io e Baby piccole e per mano ci rotoliamo giù sull'erba verde. Che bello!

«Ah, ma non si calpesta il grano», dice Peppone, «ora lo dico al Sor Padrone!».

«No! Allo zio Robert non lo dire, per carità!».

Noi fuggiamo a gambe levate mentre lui ci rincorre.

Io e Baby diciamo le bugie, diciamo che non abbiamo rotto il bel vaso di Murano, speriamo che la Madonna venga in aiuto e la preghiamo intensamente. Ma la Madonna non aggiustò il vaso, così il dubbio sull'esistenza di Dio cominciò ad affiorare anche sul mio occhio destro, ma Baby disse: «No, soltanto non abbiamo pregato abbastanza».

Lo zio ci fece scrivere quaranta volte «non si gioca a pallone in salotto».

Io e Baby appollaiate sull'albero facciamo pipì. Che emozione! Siamo due uccelli, non possiamo parlare e quindi non possiamo rispondere se i grandi ci chiamano e quindi siamo state punite.

Ci privarono del dolce e anche del pollo e della pastasciutta. Ma noi a letto senza cena non ci andavamo mai, c'era sempre la zia Nina che ci portava di nascosto qualcosa.

A me dispiaceva però non avere il bacio della buonanotte, avrei volentieri barattato il pezzo di dolce per un bacio.

Avrei dato le mie pietrine colorate, la mia biglia variopinta più grossa, poi un pezzetto del mio dito mignolo sinistro, un pezzetto dell'alluce, un orecchio, ma mi conservavo gli occhi per vedere la faccia dello zio che si chinava su di me e mi diceva: brava!

Come si fa a mandare a letto un bambino senza bacio della buonanotte? Visto che il bacio per lui è la vita?

Oh, come batteva il mio cuore quando, nel buio, la porta della camera da letto si apriva e faceva filtrare contro la luce la silhouette di Lui, il super per eccellenza, lo zio Robert che veniva a perdonarci, seguito da Lei, la zia Nina, l'intermediatrice silenziosa che aveva ottenuto l'Evento con il suo fascino.

Lei era diversa dalle altre signore, non portava come loro la collana di perle intorno al collo, né braccialetti, né orecchini, né anelli, si presentava così com'era, bionda con gli occhi celesti, sorridente e piena di un vago senso dell'humour. Tutti ne erano invaghiti, anche noi.

Come la Madonna intercede presso Dio per noi umani, così zia Nina intercedeva presso lo zio Robert per farci perdonare le nostre marachelle.

A tavola, quando la zia muoveva il dito mignolo, voleva dire a noi marmocchi che lo zio era di cattivo umore.

Lo zio era di cattivo umore perché era morto un bove e non c'erano i soldi per comprarne un altro, e senza i buoi non si può arare la terra.

Perdonatemi se sono stato un po' burbero con voi.
Ma ricordatevi di me, di zia Nina, di Cicci e di Luce,
e degli insegnamenti che vi abbiamo dato.
Il vostro zio Robert.
P.S. Non mettete il lutto.

III

Posso offrirti da bere? Sono a Londra, un giovane ragazzo mi guarda gentilmente, mi offre da bere e mi chiede di ballare con lui. Il locale è gremito di gente, nel mezzo c'è una lampada a sfera luminosa che riflette le luci colorate della sala.

I rumori e il casino sono immensi. L'orchestra inizia e tutti vanno in pista a ballare il boogie boogie, la nuova danza americana che fa impazzire i giovani in questa Londra addormentata.

Balliamo fino a tardi. Il giovane ragazzo timido e gentile mi chiede di vederlo di nuovo. Lavora tutto il giorno come assistente in un negozio. È libero i sabati sera. Io contenta accetto di rivederlo con i suoi amici.

Mi saluta e sembra un Piccolo Lord tutto elegante nel suo cappotto grigio con il colletto di velluto nero. Tutti i giovani sono vestiti così. I giornali e la *upper class* li chiamano *Edwardians* o *Teddy Boys*, con una leggera aria di sufficienza: mentre invece è lì che batte il cuore di Londra.

***

Decido che il mio futuro non può essere quello di lavare i piatti.

Prendo i disegni che ossessivamente faccio la notte, e li porto all'Accademia delle Belle Arti, la Slade School of Fine Art University College, per frequentare le lezioni.

Arrivo là, mi presento. Mi riceve una signorina, molto educata, molto per bene e mi dice con un sorriso che io non posso frequentare l'università per varie ragioni. Primo, perché il giorno dopo si apre l'anno accademico ed io non ho fatto tutto quello che bisogna fare per entrare e seguire i corsi. Secondo, perché non ho fatto l'esame preliminare. Non ho riempito i moduli. Terzo, perché non so l'inglese abbastanza bene per essere ammessa, e quindi mi prega, con un altro sorriso, di andarmene.

Io penso, col cavolo che me ne vado, non me ne andrò mai da qui, dovranno chiamare la polizia e non mi sposto. La signorina insiste, con un altro sorriso, mi chiede un'altra volta di andarmene.

Io comincio ad urlare, dico che ho diritto prima di andare via di vedere e di parlare al direttore. Alzo la voce sempre più forte e anche lei alza la voce, ma io la alzo ancora più forte, e con mia meraviglia anche lei alza la voce ancora più forte.

Finalmente si apre una porta e un tizio magro magro in maniche di camicia, con le bretelle e con le mezzemaniche nere tipiche degli scrivani del 1800, chiede spiegazioni di tutto questo chiasso.

La signorina con un sorriso gli spiega in un perfetto e forbito inglese che questa ragazza – indicandomi – desidera frequentare l'università, ma che non ha adempiuto a tutti gli atti necessari.

Lorenza Mazzetti, Daniele Paris, John Fletcher e un amico in una via di Londra.

Allora io intervengo gridando che voglio parlare con il direttore, voglio solo parlare con il direttore e non me ne vado da qui se non parlo con lui.

Il tizio magro magro, biondino, con il viso affilato, mi fa cenno di seguirlo. Ovviamente mi porta dal direttore, penso io, e infatti mi porta in una stanza. Mi domanda cosa voglio dire al direttore.

Io non sapendo bene che dire, per ottenere un colloquio con lui dico: «Perché sono un genio». E lui divertito dalla mia risposta dice: «Mi faccia vedere i suoi disegni».

Io apro la cartella e glieli mostro. Lui sembra interessato e mi dice: «Va bene, da domani lei sarà una nostra alunna».

«Sì, la ringrazio, però io vorrei parlare con il direttore».

Lui mi sorride con il suo viso arguto e spiritoso, e mi dice: «Sono io il direttore».

Non avrei mai pensato di trovare un direttore che non si comporta come un direttore, che accetta gli studenti per il merito e non per i moduli correttamente compilati, che non segue le regole, ma solo il suo intuito.

Come lo amo. Ne sono totalmente innamorata.

La mattina dopo, alle nove e mezza in punto, come aveva promesso, lui è lì in cima allo scalone. Io arrivo, e dall'emozione casco per le scale con tutte le mie carabattole. Lui scende, si china a raccogliere pennelli, lapis, colori, fogli, foglietti, e senza dire una parola mi indica la strada.

Mi riprometto di fargli vedere chi sono io al sir William Coldstream.

Frequentare quest'Accademia è un'esperienza unica, si incontrano i tipi più strani, sia tra gli alunni che tra i professori. C'è un giovane professore, si chiama Lucian Freud e mi dicono che è il nipote di Sigmund Freud. Ha un'aria inavvicinabile, più che mettermi timore mi pare che a sua volta abbia uno sguardo terrorizzato. Mi fa pensare allo stesso sguardo di Franz Kafka, la cui foto troneggia sulla parete della mia piccolissima camera da letto, dove c'è appunto solo un letto oltre al mio caro Franz.

Il professor Wittkower ha un'aria affabile e umana. Le sue lezioni di storia dell'arte sono gremite di studenti, piene di proiezioni. Mi piacciono molto.

Anche gli studenti sono tutti un po' strani. Vestiti in modo originale, hanno sempre qualcosa di particolare.

Le fanciulle sono bellissime, hanno spesso sottane ampie, a fiorellini, e scarpette da ballo.

C'è tra gli studenti un giovane alto, magro, dinoccolato, con l'aria di chi sta al mondo tra le nuvole. Ha una gentilezza innata, mi domando come farà a vivere nel mondo reale senza spezzarsi in due come un fuscello. La sua innocenza non casuale, ma determinata, è il suo modo di fare di se stesso il suo capolavoro. Si chiama Michael Andrews.

***

Mi aggiro per i vari corridoi di questa università.

Mi imbatto in una serie di porticine ognuna con una scritta sopra. Si tratta di «clubs». «Tennis Club», «Dance Club», c'è pure un club degli scacchi.

Comincio a pensare che dovrei iscrivermi ad un club. Quand'ecco che arrivo ad una porta dove c'è scritto «Film Club».

Tremando dall'emozione apro la porta, lentamente, e lì mi appare il tesoro. Brilla, ho il desiderio immediato di rubarlo e il terrore di essere vista. Richiudo la porta e fuggo.

Mi riprometto di tornare con i miei amici e portar via tutto quello che mi serve. Si tratta di rubare il tesoro e portarselo via.

Vado a cercare Michael. Lo trovo che sta dipingendo il suo quadro, come fanno tutti gli altri e come dovrei fare anche io.

Mi colpisce il suo quadro e mi affascina: rappresenta una spiaggia con donne e uomini in costume da bagno sdraiati sulla sabbia. Il cielo è plumbeo e il mare anche, ma calmo. In primo piano a sinistra, un signore grosso vestito di tutto punto con un abito grigio e scarpe lucide, immobile, quasi di spalle a chi guarda, osserva la spiaggia. È gigantesco rispetto agli altri, l'effetto è di estraniazione.

L'idea dell'outsider mi colpisce. Penso allo straniero di Camus. Ne sono entusiasta e glielo dico, poi aggiungo: «vieni ho trovato un tesoro, è un segreto. Vieni con me, seguimi».

Lo porto su in quel corridoio nelle soffitte, davanti alla porticina del tesoro e gli dico: «Guarda!». E apro la porta. Lui guarda ma non capisce, che cos'è?

Gli domando allora che cosa penserebbe se gli chiedessi di recitare in un piccolo film. Lui sorride.

Ecco qui in questa stanza c'è tutto per fare un film. Macchina da presa, cavalletti, pellicola, luci, tutto. Non abbiamo che da prendere tutto ciò e portarlo via.

Vado a chiamare anche Hadary, il giovane fotografo egiziano, e gli chiedo se vuole partecipare per riprendere le scene. Hadary è felicissimo di far parte del gruppo e di fare un film.

Michael porterà il cavalletto, Hadary la macchina da presa, io la pellicola. Ci troveremo tutti in fondo a Gower Street e da lì porteremo le cose nella mia stanza. Usciremo alla spicciolata, uno alla volta con la propria borsa.

***

Nella mia stanzina, sotto il letto, c'è tutto: cavalletto, lampade, luci e pellicola.

Sono agitatissima, Franz Kafka mi guarda, sì lui ha un viso terrorizzato e io lo capisco. Lui è il mio amico perché quando non so più chi sono torno in questa stanzina e trovo lui.

Io e lui abbiamo un punto in comune. Il terrore. Abbiamo tutti e due l'orrore negli occhi. Lui lo ha visto con gli occhi del Profeta e io dal vero. Siamo uguali.

***

Spiego a Michael la storia del film che voglio fare, tratto da una novella di Franz Kafka, *La metamorfosi*.

Michael non conosce Kafka e vuole sapere di più.

«Dammi il testo che lo voglio leggere e imparare a memoria».

«Ma no, non devi imparare nulla a memoria».

«Ma come, non c'è un testo?».

«No, devi solo tentare di scendere dal letto e non ci riesci, perché si mettono in moto tutte le tue zampine».

«Come? Zampine?».

«Guarda, lui immagina di avere delle zampine».

«E come va a finire?».

«Non importa che io ti dica come va a finire».

«Ma io voglio saperlo!».

«Vedi, i suoi genitori lo chiudono in uno stanzino, insomma un ripostiglio, perché si vergognano di lui. L'importante è che resti chiuso e non si faccia vedere dagli ospiti paganti, infatti la famiglia del protagonista, che si chiama Gregor, vive del denaro ricavato affittando le stanze».

«Sì, ma come va a finire?».

«Non te lo dico».

«No, voglio saperlo».

«Beh, lui muore e viene buttato nell'immondizia».

Michael resta a bocca aperta.

«Ma non capisci», dico io, «l'autore non vuole dire ciò che dice, ma esattamente il contrario. Infatti l'effetto sul pubblico è quello che conta: Gregor, reietto per gli altri, con la sua morte diventa in realtà l'accusatore. Come Gesù, d'altronde. Michael, ci sono persone malate nell'anima che a volte non trovano l'energia per vivere. Io per esempio».

Lorenza Mazzetti.

Lucien Freud.

«Ma che dici?».
Mi sorride e mi abbraccia. *«Don't be silly!»*.
«Insomma Michael, accetti o no di recitare per me?».
«Ok, ok!». E mi stringe a sé...

***

Usciamo insieme e andiamo a Portobello Road, un mercatino pieno di cose affascinanti vicino a casa mia: foto antiche, piatti, lampade, cuscini, mobiletti, coperte, dipinti tra l'800 e il primo '900.
Vorrei comprarmi tutto.
Mi fermo a chiacchierare con un signore dietro una bancarella e parlando del più e del meno gli domando dove mette tutta la roba quando la sera chiude il mercato. Lui dice che ha un magazzino lì vicino.
Io vorrei comprare una foto, ma con il vetro costa troppo, non ne ha una che costi meno? Sì, forse nel magazzino. Apre una porta, il mio cuore comincia a battere: ecco il tesoro!
Reti metalliche appoggiate ai muri, vecchi quadri accatastati, un divano tutto sfondato. Un vero tesoro! Qui girerò il mio film.
«Stiamo girando un film», gli dico, «potremmo girare una scena nel suo magazzino? Sarebbe perfetto per il nostro film».
«Ma non posso liberarlo dai mobili», dice il proprietario.
«Ma a me interessa proprio così com'è, con tutti i mobili accatastati come sono ora».

«Ma che film è, di cosa parla?».

«È preso da una novella di Franz Kafka».

«Non lo conosco».

«Un grande scrittore», dico io.

«Ma di che parla?».

«Di un giovane che non riesce ad alzarsi perché non riesce a scendere dal letto».

«Non è una storia nuova questa! Tutti i ragazzi fanno storie per alzarsi la mattina. Ma cosa c'entra lo sgabuzzino con il suo film?».

«Perché i genitori per punizione lo chiudono nel ripostiglio».

«E poi come finisce?».

«Benissimo, si alza va a scuola e prende ottimi voti e poi si sposa!».

«Ah, uno scrittore per ragazzi. Ottimo, affare fatto».

«Ma noi non abbiamo soldi per pagarla».

«Non importa, anche io ho dei figli».

«Grazie infinite. Ci vediamo domani allora».

Ci allontaniamo, quando lui mi richiama:

«Come si chiama questa novella?».

«*La metamorfosi*», rispondo.

«Domani me la compro», dice e fa un cenno di saluto.

Noi sorridiamo e lo salutiamo.

Dal fondo della strada sale un odorino meraviglioso di hot-dog. Ne ordiniamo due a testa. Che bello mangiare quando si ha fame!

***

Il giorno dopo ci ritroviamo tutti quanti a lezione dal prof. Wittkower, che è grande e grosso e affascina i suoi studenti perché accompagna le sue lezioni proiettando un sacco di slide. Il silenzio è totale e l'attenzione pure.

Io cerco i miei attori tra gli studenti. Ci sono tanti ragazzi interessanti.

Dopo aver pensato a Gregor Samsa e ottenuto l'approvazione di Michael per recitare, devo cercare gli altri personaggi.

Trovo tra gli studenti un giovane con barba, biondo, dall'aria romantica tra Foscolo e Byron e gli chiedo di venire a fare l'ospite nella novella. Accetta volentieri, dopotutto deve stare solo seduto in poltrona. Anche una mia bella amica tra gli studenti mi conferma la sua partecipazione. Mi domanda che deve fare e dico: «Niente, devi solo suonare il violino».

«Ma non lo so suonare», dice.

«Non importa, fai come se».

Adesso mi manca il direttore dell'azienda per la quale lavora Gregor Samsa.

***

Entro in un negozio che vende stoffe all'ingrosso e chiedo del direttore. Non c'è. È proprio un negozio straordinario, pieno di stoffe, pieno di corridoi, molto polveroso. Andrebbe benissimo come set per Gregor Samsa.

Un commesso mi dice che tra poco il direttore verrà. Mi apposto all'ingresso, il direttore si chiama Lowensberg.

Aspetto, sono molto nervosa e mi carico di energia per chiedergli se può recitare per me e prestarmi il suo studio.

Finalmente vedo arrivare un signore un po' grosso, con bombetta. Voglio essere molto educata. Mi inchino e chiedo: «*Mister Lowensberg, I presume?*». Lui fa una faccia sbalordita. Io ripeto: «*Mister Lowensberg, I suppose*». Lui sorride e dice «*Mister Lowensberg*». Con agitazione gli spiego la ragione del mio esser lì. Mi dice subito di sì, che non ci sono problemi, che può anche recitare per me, ma gli devo spiegare bene cosa. Io quasi lo abbraccio dalla gioia. È comunque però molto grosso, molto imponente e mi trattengo.

Lui mi fa girare per tutto lo studio e poi mi dà appuntamento tra mezz'ora a un bar di fronte per parlare meglio.

Mi siedo, è un grande bar tavola calda, le cameriere sono vestite di nero con grembiulini bianchi e merletti, e servono a tutti caffè e latte. Con mia sorpresa, qui a Londra, invece del vino si beve caffè e latte assieme alle bistecche!

Il signor Lowensberg mi raggiunge e si siede, ordina una bistecca con caffè e latte, ora tocca a me, ma non ho soldi e quindi non so che cosa chiedere, quindi non mangio. Il signor Lowensberg ordina una bistecca anche per me con caffè e latte.

Dopo molti preamboli gli spiego che avrei bisogno del suo viso, del suo cappello e del suo cappotto, del suo ombrello e del suo ufficio, perché devo girare una scena da una novella di Kafka. «Kafka», ripete, «e chi è questo Kafka?».

Vorrei non dirgli nulla, ma lui insiste ed io mi agito moltissimo, non riesco a mangiare e a tagliare la bistecca. Dovrò dirgli che il personaggio di Gregor Samsa è un venditore ambulante, che ama moltissimo il suo datore di lavoro, ma tanto tanto lo ama che non riesce a scendere dal letto. Però lo rassicuro, non è perché non vuole andare a lavorare, ma non riesce a presentarsi al lavoro. Allora bussano alla porta e lui dice: «Vengo, vengo, vengo».

Il papà, la mamma e la sorella chiamano, chiamano e lui dice: «Vengo, vengo, vengo» e casca dal letto sulla schiena, ma con le zampine non riesce a capovolgersi.

A questo punto il signor Lowensberg spalanca tanto d'occhi, ma io lo tranquillizzo e gli dico che poi riesce a capovolgersi.

Ma lui dice: «Cosa sono queste zampine?».

Qui io balbetto qualche cosa e comincio a dirgli che Kafka è il più grande scrittore del secolo. Più grande di Shakespeare e di Dante Alighieri, insomma un genio, fino a quando il signor Lowensberg, vergognandosi di non aver mai letto Kafka, dice: «Sì sì, capisco». Poi con aria un po' seccata: «Ma lei non ha mangiato la bistecca!».

Io balbetto che sono troppo nervosa per mangiare, allora lui con fare autorevole chiama la cameriera e le ordina di impacchettare la bistecca per me.

Lui mi ficca nella borsa il pacchetto.
«Grazie tanto», dico.

***

Ho già i due protagonisti della *Metamorfosi* di Kafka, Michael sarà Gregor Samsa, il signor Lowensberg sarà il suo datore di lavoro.

La bella Mary, alunna della Slade, sarà la sorella di Gregor. Peter, così elegante e compassato, sarà uno degli ospiti della famiglia.

Mi mancano il padre e la madre di Gregor.

Torno nelle strade intorno a Portobello Road, dove ho trovato il magazzino-ripostiglio in cui viene rinchiuso Gregor.

Adesso mi serve il salotto.

Suono a varie porte, trovo finalmente una signora gentile che è ben felice di aiutarmi offrendomi il suo salotto per girare la scena finale e si presterà lei stessa a suonare il pianoforte per me. Oltre al salotto, al pianoforte, ho trovato anche la madre di Gregor.

Mi manca il padre.

Mi serve una persona imponente, con la barba e un aspetto severo. Mi viene in mente il professor Claude Roger.

Quando lo vedo a lezione, gli chiedo se può farmi il favore di recitare tre minuti per me. Con mia sorpresa mi dice di sì. Come sono tutti straordinari gli inglesi!

***

È stato un po' difficile spiegare a Michael che non doveva recitare, ma che doveva solo essere incapace di scendere dal letto e in camicia da notte strisciare per terra, senza declamare Shakespeare.

Sbalordito ha accettato perché gli ho detto che Kafka era una persona molto importante, ma lui in realtà non l'aveva mai sentito nominare.

Kafka lo conoscevo perché lo leggevano lo zio Robert e la zia Nina e ne discutevano a tavola con il professor Paoli, professore di tedesco all'Università di Firenze, che portò questo libro appena uscito.

Libro che aveva sconvolto tutta la famiglia. Io da dietro la porta ascoltavo questa strana storia di Gregor Samsa, che mi è rimasta impressa.

Quando poi ho visto persino il volto di Franz sono rimasta sconvolta dai suoi occhi e dal suo viso di giovane, magro, delicato, sensibile, fragile, e me ne sono innamorata.

È importante avere un amore per essere vivi. Infatti cosa ci faccio qui, io, in una città sconosciuta, nera, immersa nella nebbia e nell'odore di questa *fog* che permea tutti i vestiti e tutta la città.

Essere vivi significa avere un legame con un altro essere vivente, specie quando intorno a me non mi riconosco in nessuno. Infatti io faccio finta di ridere e scherzare, mentre gli altri ridono davvero. Ma perché non posso? Gli altri sì e io no. Anzi, non mi è permesso.

Mi domando: ma chi sono? Che ci faccio qui? Non è la mia patria, non è la mia casa, non ho nessuno al mondo, sono tutti morti.

Mia sorella si è sposata e aspetta un bambino. Io sono di troppo vicino a lei, ma come può una gemella vivere lontano dalla propria gemella?

***

La prima giornata, abbiamo girato le scene con il signor Lowensberg, ma a una cert'ora il signor Lowensberg ha voluto smettere perché aveva fame, ed è entrato in un ristorante per mangiare.

Noi l'abbiamo seguito e abbiamo guardato lui che mangiava. Eravamo senza soldi. Lui non ha retto e alla fine ci ha invitato tutti a mangiare con lui. Così la prima giornata di riprese è finita bene.

La seconda giornata era senza il signor Lowensberg, e quindi senza pranzo, ma in compenso è venuto il professor Claude Roger, che insegna pittura alla Scuola di Londra. Al momento giusto ha fatto la sua parte: si è alzato, ha preso le mele dal tavolino e le ha lanciate contro Gregor Samsa. Gliene sarò grata in eterno, un po' meno Gregor...

***

Ho portato a sviluppare tutto il materiale, dopo aver aggiunto alcune altre scene, presso il laboratorio di sviluppo e stampa nella stessa strada dell'University College, spiegando che era materiale dell'università, che doveva essere sviluppato e stampato.

Ritirato il materiale, l'ho montato nella mia stanzina.

Lorenza Mazzetti.

Si trattava di appiccicare una scena dopo l'altra, aggiungendo i due pezzi con questo metodo: grattare con una lametta gillette i due estremi di film da accoppiare, versare una goccia di un liquido misterioso su un estremo, indi sovrapporre l'altro estremo sul primo e quindi tirare giù la levetta che li teneva pressati per almeno cinque minuti. Ed ecco fatto il miracolo. Poggiando la macchinetta sul letto che faceva da tavolo ho montato il film e poi tutta giuliva mi sono addormentata.

I partigiani stanno per arrivare, posso vedere dalla finestra delle persone che si muovono tra i cespugli e le baionette che luccicano. E io dico: «Ecco che vengono a salvarci, ecco che arrivano». Ma non arrivavano mai. «Ecco che arrivano, stanno per arrivare, ormai sono a pochi passi, eccoli!». Si apre la porta, non sono i partigiani, sono le SS.
Mi sveglio.

Devo telefonare a Baby. Raccolgo nelle tasche tutte le monetine che trovo in giro e vado alla cabina del telefono.

Baby mi racconta che il suo lavoro va bene e che insieme a Stephen ha trasformato la nostra casa in una galleria d'arte moderna.

«Stiamo esponendo Giacomo Balla, poi esporremo Rauschenberg, Piero D'Orazio e Perilli, i quali ci aiutano a organizzare le mostre. Abitano tutti in questa casa e in più sono di passaggio moltissimi altri pittori. Un piatto di spaghetti non si nega a nessuno!».

«E Giacomo Balla l'hai visto?» le chiedo.

«Sì, sono andata a Roma a trovarlo. Mi ha abbracciato forte e anche le figlie, Elica e Luce, erano contente di rivedermi e mi hanno dato i quadri da esporre, ma erano tristi per la morte dello zio Robert, della zia Nina e delle cuginette».

Io sono felice per quello che mi dice Baby e le racconto del mio piccolo film su Kafka.

Le chiedo di contattare Daniele Paris, un nostro amico musicista, e dirgli che sto aspettando il nastro inciso come gli ho detto per telefono, e cioè un pezzo di musica moderna e un pezzo di musica struggente di violino. «Ma digli che dev'essere veramente struggente, perché è per la fine del film. E poi, per favore ricorda a Jacopo Treves di mandarmi subito quel monologo che gli ho chiesto, nel quale K si scusa col datore di lavoro promettendo di alzarsi e di andare a lavorare appena possibile».

Baby mi dice di stare tranquilla perché mi ha già spedito tutto da qualche giorno!

Infatti il giorno dopo arriva da Firenze il nastro con la musica di Daniele Paris. Molto bella. Anche il testo in inglese del monologo che mi ha mandato Jacopo è ottimo.

Chiamo Michael e lo prego di leggerlo ad alta voce perché lo devo incidere.

Mi precipito al laboratorio di stampa cinematografica con tutti i nastri e spiego al tecnico dove va la musica e dove va il testo.

La musica del violino deve entrare non appena si apre la porta e Gregor avanza in salotto strisciando sul tappeto proprio perché attratto dalla melodia. Avanza senza esser visto dagli ospiti che ascoltano il concerto. La melodia diventa sempre più struggente, ricorda a Gregor il tempo in cui faceva parte degli altri.

Ma Gregor avanza troppo. Come si permette?

Il padre lo vede e si alza in piedi, tutti lo vedono e si alzano in piedi pieni di orrore. A questo punto il violino deve cessare.

«È un lavoro abbastanza complesso», dice il tecnico.

«Sì, ma molto urgente», dico io, «e si ricordi di mettere il monologo all'inizio quando il protagonista segue il suo datore di lavoro».

«Ma come faccio, mi scusi, a metterlo in sincrono con le labbra? Bisognerà doppiarlo».

«No, no. Sono pensieri, non devono essere in sincrono».

«Se va bene a lei, fuori sincrono! Ma costerà un bel po' questo lavoro».

«Non si preoccupi, non si preoccupi, è l'università che lo vuole».

«Ah, va bene, ma vuol firmare qui, per favore?».

Mi porge dei fogli e io metto un sacco di firme, tutte quelle che vuole, tutte a nome dell'University College. Poi esco tutta contenta di aver ultimato il film.

Mi merito un hot-dog, mi precipito fuori e trovo un venditore di fish and chips. Ma chi l'ha inventato questo pranzo meraviglioso?

Me ne vado con il mio cartoccio di giornale pieno di patatine e pesce fritto.

Come è bello mangiare quando uno ha fame.

***

Oggi è Carnevale e all'università si festeggia.

Quando arrivo, trovo tutte le luci accese, tutti mascherati e un'orchestra che suona. Da un'altra parte un rinfresco e da bere.

Un po' spaesata, non riconoscendo nessuno date le maschere raffinate e straordinarie che mi passano davanti, cerco i miei amici, ma non li vedo. Li devo scoprire.

Quand'ecco che mi appare un Pierrot che è tutto uguale al giovane Jean Louis Barrault di *Les enfants du paradis*. Ma è Michael!

Gli corro incontro, lui si china verso di me e mi abbraccia, gli dico che così mascherato, con quel viso bianco, assomiglia tanto a Jean Louis Barrault di *Les enfants du paradis*. Ma lui non sa né chi è Jean Louis Barrault, né Marcel Carnet.

Entrano dalla porta principale due persone mascherate. Un signore con una bellissima testa da gatto bianco che conversa animatamente con una zingara alta e grossa, con due seni prorompenti a palla e un turbante in testa.

«Ma chi sono quei due?», domando a Michael.

«Ma non lo vedi Lori che sono il direttore Coldstream e il prof. Wittkover?».

Io resto a bocca aperta, in questa università trionfa l'intelligenza e l'umorismo.

L'orchestra attacca, ci buttiamo in pista e alterniamo i balli con delle soste per scolarci una birra.

Dopo poco mi gira la testa, possibile che non mi reggo in piedi?

«A letto, a letto! Tutti a letto!».
«No, no!», gridiamo, «a letto no!».
«E invece sì, un bel gioco dura poco. Adesso tutti a letto. Silenzio!».

Così lo zio ci spediva a letto diventando improvvisamente serio e inamovibile nella sua decisione.

Io non volevo andare a letto, ma che senso di protezione mi davano quei limiti imposti alle mie esuberanze. Nessuno adesso mi dice di andare a letto perché ho bevuto troppo e sto male. Mi gira la testa, non mi reggo in piedi.

Un Pierrot si china su di me e dice: «Adesso basta, è ora di andare a letto!».

***

Dopo qualche giorno, William Coldstream mi chiama e mi domanda:

«Sei tu che hai firmato tutti questi documenti a nome dell'University College?». E guardandomi fisso aggiunge: «Per queste firme false in Inghilterra si va in prigione».

«Sì, sono stata io».

Il direttore mi ha chiesto poi:

«Tu pagherai questo conto?».

«No, non ho una lira».

«Mi dispiace, dovrai andare in prigione».

«Va bene», ho detto io andandomene.

Ma lui mi ha richiamato, voleva sapere che cosa avevo combinato per spendere tutti quei soldi in sviluppo e stampa. Gli ho detto che avevo girato un piccolo film sulla *Metamorfosi* di Franz Kafka.

«E chi ti ha dato la macchina da presa? Lo *stock*?».

Ho risposto che l'avevo presa dalla Film Society dell'Università.

«Ah... dovrai ripagare anche questo».

«Posso andare adesso?».

«No», dice il direttore, «vorrei vedere il film prima di mandarti in prigione, saranno gli studenti a decidere applaudendo o fischiando se dovrai andare in prigione o no».

Venne il benedetto giorno. L'aula magna era piena di studenti. Io avevo mal di stomaco e vomitavo l'anima dall'agitazione, mentre il film veniva proiettato. Mi sembrava un film orribile, che avevo mai fatto! Avevano ragione a mandarmi in prigione. A questo punto le luci si sono accese e ho sentito gli applausi. Non credevo alle mie orecchie.

Mi sono affacciata dall'alto dell'emiciclo e ho visto salire su verso di me William Coldstream con un signore affascinante.

«Lorenza, *I present you Denis Forman, the director of the British Film Institute*... Lui ha una cosa da dirti».

E il bellissimo signore, alto, affascinante, si chinò verso di me, dandomi la mano e disse:

«Vorrebbe fare un film senza andare in prigione?».
«Sì, certamente».
«Allora venga domani al British Film Institute a prendere una tazza di tè, così parliamo, e mi porti un'idea per il prossimo film. Non più di una cartellina».

***

Il giorno dopo all'università incontro il giovane Lucian Freud, che solitamente guarda tutti con uno sguardo sfuggevole e diffidente, eccolo invece che mi sorride, mi dà la mano e mi dice nientemeno che spera di fare l'attore in un mio futuro film sempre sulle novelle di Kafka.

A guardarlo bene Lucian Freud ha proprio lo sguardo terrorizzato di chi vede nel prossimo o fuori di sé qualcosa di terribile e spaventoso.

Anche un critico famoso, John Berger, viene a congratularsi con me. È affettuoso e gentile. Ha un bel viso e bei capelli biondi, e occhi celesti romantici che lui nasconde dietro gli occhiali.

Alle cinque in punto mi precipito all'appuntamento con Denis Forman, al British Film Institute a Shaftesbury Avenue.

Arrivo ansimante perché sono un po' in ritardo, chiedo del direttore e mi indicano la porta del suo ufficio.

Entro e trovo un tavolino apparecchiato con due tazzine da tè, una teiera fumante e dei biscottini.

Locandina de *La metamorfosi*.

Denis Forman, direttore del British Film Institute.

Il mio angelo protettore mi fa cenno di sedermi su una delle due seggioline e mi domanda subito se ho portato la cartellina con l'idea per un nuovo film.

Io tiro fuori la cartellina, ma sono talmente agitata e nervosa che inciampo e urto il tavolino. Il tè fumante si versa sul suo ginocchio. Io rimango fulminata, che cosa ho fatto! Ho bruciato la gamba del mio angelo salvatore, l'uomo che mi avrebbe aperto le porte del futuro, colui che mi sorride gentile offrendomi perfino dei biscottini, e io sono lì che assisto paralizzata a questa scena, gridando:

«*I'm sorry, I'm sorry, I'm sorry!*».

Ma l'angelo, invece di arrabbiarsi mi sorride e dice:

«*Don't worry, my leg is wood*», e picchiando sulla gamba, mi fa sentire il rumore del legno. Sorridendo ancora aggiunge: «*I left my leg in Cassino, Italy*».

Il mio angelo aveva lasciato la sua gamba per noi italiani a Cassino. E adesso era lì seduto che mi offriva dei pasticcini, leggeva quello che avevo scritto, e diceva:

«Bene, è un'ottima idea, da domani puoi cominciare a girare il tuo film».

IV

Decido di cercare i luoghi adatti per fare questo film, attraverso il Tamigi e vado finalmente a visitare l'East End.

Vedo una grande spianata, una distesa, una pianura, non è proprio una piazza perché è anche piena di buche, ma la nebbia è così fitta che non ne scorgo la fine. Sento però uno stridio di uccelli misterioso, non capisco che improvvisamente diventa più forte e poi sparisce. Che strano posto.

Se non sapessi di essere a Londra, penserei di essere piombata in una di quelle fiabe con orchi e streghe. Man mano che avanzo questo rumore cresce. Sembra una grande massa di uccellini che si riuniscono e poi si espandono e si sparpagliano. Ma non sono uccellini, sono bambini che urlano, corrono, si uniscono in gruppo e poi improvvisamente spariscono a destra e a sinistra per poi riapparire di nuovo urlando.

«Ma dove sono?».

Avanzo ancora, casco in una buca, mi rialzo, mi metto a rincorrere un bambino che stride e cinguetta sparendo nella nebbia. Eccoli laggiù, si sono riuniti di

Lorenza Mazzetti.

nuovo. Vado verso di loro, ma ad un segnale si sparpagliano in mille direzioni.

Sono affascinata. Probabilmente parlano un inglese tipicamente infantile, i loro cinguettii sono come un concerto, un po' ripetitivo, nulla a che vedere coi bambini italiani.

Qui i bambini hanno trovato il loro regno, le bombe di Hitler hanno lasciato un dono proprio in mezzo alla città, uno spazio tutto per loro.

Penso che questo posto vada bene per il film, ma si sta facendo buio e a tentoni arrivo vicino a delle case dove spero che qualcuno mi saprà dare qualche spiegazione e indicare una via di uscita.

Ovviamente mi sono persa, non so più da dove sono venuta e a causa della nebbia non vedo la fine di questa strada lunghissima e dritta. Strani ponti di ferro legano le case di destra con quelle di sinistra.

Busso, visto che non ci sono campanelli. Busso ancora due o tre volte, ma nessuno mi risponde.

Passo ad un altro portone e busso ancora. Porte e finestre son tutte chiuse. Ma dove sono capitata? Una strada fantastica, immersa nella nebbia, senza abitanti! Vedo che ogni casa ha un numero scritto. Sta per venire buio ed io comincio ad avere paura.

Il cicaleccio dei bambini e le loro voci non si sentono più. Mi sono persa in una strada vuota. Corro sperando di incontrare un essere umano.

Sento dei passi, un omino con un bastone in mano, lungo, corre e mi sorpassa ignorandomi. Nella sua corsa alza questo lungo bastone e lo vedo fermarsi in un angolo della strada e accendere un lume a gas!

Una luce fioca illumina la zona, ma lui sempre di corsa va avanti e corre, corre per accendere un altro lume a gas. Ma dove sono? Ma allora è vero, questa è una fiaba...

Sento improvvisamente una musica, da dove proviene? Proviene dal fondo della strada.

Corro verso questo suono affascinante, inciampo, casco, mi rialzo e sbircio tra due case separate da un muretto, mi avvicino e mi affaccio al muretto e scorgo il fiume! Mi sporgo e vedo migliaia di gru immobili come fantasmi.

Ma questo è il porto di Londra, penso. Mi metto a correre per inseguire l'omino che continua ad accendere queste fioche luci e sembra portarmi verso la musica. Ecco, sono arrivata alla musica!

È un pub. Porta a vetri, non oso entrare, guardo dentro e vedo un nero gigante che balla al ritmo jazz di un juke-box intorno al quale in piedi con un bicchiere in mano stanno altri uomini, alcuni indiani, uno col turbante e molti operai.

Un uomo grande e grosso col bicchiere in mano si sposta nel mezzo e comincia a cantare una canzone terribilmente stonata. Sembra ubriaco fradicio e urla con voce strozzata qualcosa che dovrebbe essere una melodia. Io non oso varcare la soglia, ma due donnette un po' anziane entrando mi spingono dentro.

Le due donne salutano gli altri e si mettono sedute davanti ad un bicchiere di birra. Altri uomini entrano. Tutti sembrano conoscersi, lo deduco dalle innumerevoli pacche sulle spalle che si danno.

Per fortuna sono tutti così sbronzi che nessuno fa caso a me.

Un vecchietto mi rivolge la parola soffiandomi in faccia il suo odore di birra e mi parla entusiasticamente di qualcosa che io naturalmente non capisco, ma sorrido interessatissima.

Penso che questo è certamente il posto dove girerò il mio film, domani mattina torno per vederlo di giorno.

Non mi ricordo più come ho fatto a tornare a casa, ma la mattina dopo ero di nuovo lì. Gli uccellini sempre lì, urlano e strepitano.

Sono emozionata perché la strada mi si presenta completamente diversa dalla sera precedente.

I portoni sono spalancati e dalle finestre si affacciano uomini che urlano e tirano su o giù masserizie. Altri spingono carrelli carichi di merce da una casa all'altra attraversando i ponti di ferro.

Rumori di uomini, cigolii, bambini, carrucole, tutto questo interrotto dalla sirena sorda delle navi che passano e dalle chiatte che affollano il fiume, cariche di roba.

Mi affaccio al muretto e vedo le gru all'opera prendere i sacchi dalle chiatte e portarli dentro le case numerate che la sera prima mi avevano spaventato.

È un concerto di suoni e di urla bellissimo.

I miei due attori, sordomuti, non lo sentiranno e il mondo rumoroso tacerà davanti al loro sguardo.

Cosa voglio dire con tutto ciò?

***

Il giorno dopo chiamo i miei amici che hanno girato con me *K*, Hamed Hadary, l'operatore, e Michael Andrews.

Dico a Michael se può recitare nel mio nuovo film. Lui tutto contento mi domanda che cosa dovrà dire, e io gli rispondo: «No guarda, non devi dire assolutamente niente».

«Come, non devo dire niente?».

«No, perché il tuo protagonista è sordomuto».

Dovevo solo trovare un altro sordomuto perché l'idea era di mettere questi due personaggi in un mondo diverso dal loro, sicché il film potesse passare continuamente dal silenzio al rumore, senza necessità di dialoghi.

L'unico filo conduttore sarebbero dovuti essere i bambini che infestavano le zone di Londra bombardate da Hitler. E come moscerini correvano e gridavano con le loro vocine, creando appunto il clima adatto al mondo del silenzio dei due protagonisti che tutti i giorni passavano per quelle rovine.

Non capivo veramente che cosa volessi dire con questa storia, solo che mi emozionava la situazione di due persone immerse in un mondo che loro ignoravano e dal quale erano ignorate.

Dopotutto io mi sentivo proprio una outsider, ed essendo gemella mi sentivo un doppio, ma veramente non capivo bene che cosa volevo dire.

Mi commuoveva l'attore Michael vicino a Edoardo Paolozzi, perché erano uno magro e l'altro grasso e mi ricordavano i fratelli Pasteur che, ne *I ragazzi della Via Paal* di Ferenc Molnár, rubano le biglie ai bambini del campo.

***

Edoardo Paolozzi l'avevo incontrato nella Galleria Hannover, una galleria d'arte dove avevo visto con sbalordimento quattro ritratti di papi tutti uguali, sullo sfondo lilla e viola senza occhi e con solo la bocca. Erano di un certo Francis Bacon, ed essendo italiana la figura di un papa non mi lasciava indifferente, specie ritratto in quel modo straordinario.

Mi accorsi che questo pittore, Francis Bacon, bazzicava anche alla Slade School. Comunque mi fermai a parlare con questo signore un po' strano, un po' grosso, un po' grande. Mi disse che era uno scultore, si chiamava Edoardo Paolozzi, viveva a Londra e si dava parecchie arie. Non sapevo che fare per dirgli che lui sarebbe stato adatto a fare il sordomuto nel mio piccolo film. Alla fine, vergognandomi terribilmente, glielo chiesi. E con mia sorpresa lui mi disse di sì.

Edoardo e Michael, due artisti, un pittore e uno scultore, si ritrovano nell'East End a fare i sordomuti e a parlare con le mani.

***

Do appuntamento a tutti gli amici al pub dell'East End dove ho fatto amicizia con il proprietario. Ci sono

Edoardo Paolozzi, Michael, Hamed il cameraman. Con tranquillità giriamo le scene nelle quali loro camminano perseguitati dai bambini.

È stato complicato spiegare ai bambini che dovevano avvicinarsi a loro due, insultarli e poi scappare, quando il sordomuto grosso e grasso si sarebbe voltato per afferrare uno di loro.

I bambini però, pur sapendo che era una finzione, urlavano terrorizzati quando Edoardo ne acchiappava uno! Il che per me andava benissimo.

Anche loro trovavano straordinario il luogo, le strade, i canali, le spianate.

È stata una giornata allegra e piacevole, finita a mangiare polpette al curry in una specie di bettola, trovata casualmente, gestita da una famiglia di indiani.

Dovevo però ancora trovare la casa per i due sordomuti. Ho trovato un ufficio che dava sul fiume e sono riuscita ad avere la possibilità di girare in una stanza tipo camera da pranzo e in una stanzina piccola da organizzare come camera da letto.

Il giorno dopo sono andata con Michael alla bancarella del nostro ormai caro amico antiquario a Portobello Road, che ci aveva prestato lo sgabuzzino per girare *K*.

Mi ha dato dei piatti da mettere su un tavolo, una tovaglia, una zuppiera, un bel quadro da appendere al muro e uno specchio per arredare la camera da pranzo.

Per la cameretta da letto, ho preso una brocca con un lavello antico da mettere su un treppiede. Ho preso anche della carta a fiori per tappezzare la stanza.

Tutto questo grazie al nostro gentile e affettuoso antiquario, David Grisby.

Il giorno dopo siamo tornati al pub nell'East End e abbiamo piazzato tutto ciò che ci serviva per il set. Appuntamento il prossimo weekend con Edoardo Paolozzi e con Hadary il cameraman.

Nel frattempo avrei cercato nei dintorni un uomo, una donna e una ragazza per costruire la famiglia che ospitava i due sordomuti.

***

Tutto procedeva bene quando improvvisamente l'amore fece irruzione nella mia vita. Infatti incontrai uno strano tipo del quale vedevo solo i piedi e le gambe perché la testa era sotto una piccola macchina, una Austin Seven del 1927 che lui stava cercando di aggiustare.

Incuriosita da questa macchinetta così antica, quando sbucò fuori da sotto, sporco e impolverato, gli domandai se poteva farmi fare un giretto su quella macchina così bella. Lui allargò le braccia come per offrirmi tutto quello che possedeva, che era ovviamente quella macchinetta.

Mi fa salire e la macchina fa un gran salto prima di partire. Lo guardo mentre guida, mi piace, mi piace moltissimo, mi piace il suo profilo, il suo modo di fare, il suo cappotto, le sue mani. Come è possibile che mi piaccia tutto di lui? Rido di allegria. Si ferma in fondo a King's Road in una stradina vicino al fiume che si chiama World's End. Siamo andati a finire «alla fine del mondo».

Sono emozionatissima. Mi indica una porticina in basso dove lui abita. Vorrei tanto che mi invitasse ad entrare e infatti lo fa ed io felice entro nella tana del lupo.

Lui mi domanda: «Cosa fai qui a Londra?». Io per darmi un po' d'arie dico: «Sto facendo un piccolo film». E lui: «Così sei una di quelle insopportabili, petulanti pseudo-artiste. Detesto le donne oche con opinioni».

Offesissima, «Io non sono un'oca», dico, «lei è un maschilista, condizionato da mille anni di abitudine al sopruso».

Mi domanda se veramente col mio cervellino da uccellino credo di poter dirigere un film e poi mi dice che, per mia regola, lui è uno scrittore, un vero scrittore, un vero artista, un vero poeta ed anche un attore, abbastanza intelligente e lucido da distinguere un'oca quando la incontra.

A sentir lui le donne più oche sono quelle con opinioni e gli basta guardarmi in faccia per capire che sono una di quelle benedette donne con opinioni, quelle rompiscatole tremende, quelle intellettualoidi sofisticate, che si vedeva che ero una di quelle streghe logiche e lucide da far paura, che neppure pagato avrebbe sposato mai.

Rossa in faccia gli ho gridato che avevo fatto tanta fatica per uscire dalle tenebre del Medio Evo e per avere le mie opinioni, che non intendevo certo rinunciare a questa mia conquista per avere il piacere magari di andare a letto con lui. Come può un artista parlar male delle donne?

«Ah», fa lui punto sul vivo, «non credo forse che lui sia un artista? Voglio forse vedere, toccare con mano i fogli, i lavori teatrali che riempiono i suoi cassetti?».

Con gli occhi spiritati tira fuori dalle sue tasche e dai cassetti manoscritti e fogli, e me li mette sotto il naso. «Questo è un dramma», dice, «intitolato *The King will die* (Il Re muore) e questa è una commedia». Con gli occhi fuori di sé mi sventola questi fogli sotto gli occhi e grida con voce acuta che lui è un artista, un grande artista e che certamente io, essendo stupida, non potrei riconoscere un genio da una persona normale.

«Io so benissimo riconoscere chi vale e chi non vale» dico, dato che aveva davanti a sé una ragazza non comune, e aggiungo che solo un uomo eccezionale poteva stare con una donna eccezionale come me.

Al che lui dice che solo una donna eccezionale potrebbe stare con un uomo eccezionale come lui e non valutarlo quattro soldi.

Allora io dico che non lo valuto affatto quattro soldi, anzi lo considero una persona straordinaria e penso che il suo odio per le donne derivi dal fatto che lui non ha mai incontrato una donna eccezionale come me, cioè diversa da tutte le altre. Io invece sarei molto felice di leggere o ascoltare il suo lavoro teatrale *The King will die*.

Possibile che quando un uomo mi piace tanto, quest'uomo non sopporti le donne?

«Non sarà mica un omosessuale?» gli domando.

«Perché», fa lui, «ho l'aspetto di un omosessuale?».
Io arrossisco e non so che dire.

Lui si china su di me e mi dà un bacio sulla guancia. Dice che mi bacia perché non sono una donna, ma un gatto, un gattino perso, il gattino che lui ha sempre cercato.

Improvvisamente sento che la mia parte di gatto era preponderante e non sono riuscita a reprimerla.

Da quel momento sentii che iniziava una metamorfosi di me stessa le cui conseguenze non potevo certo prevedere.

D. mi dice che adesso reciterà qualcosa per me. Prende un drappo dal divano e se lo mette a mo' di mantello. Gli domando perché fa così, si allontana di due passi e recita dei versi in un meraviglioso inglese ritmico che non capisco bene.

«Li hai scritti tu?», gli domando. «No», risponde seccato, «questo è Shakespeare!».

Si allontana di nuovo e recita altri versi altrettanto belli, con lo stesso ritmo.

«Shakespeare?», chiedo timorosa. «No, sono versi miei». «Sembrano belli», dico, «ma il mio inglese non è all'altezza».

Mi rivolta da tutte le parti. Gatto, gattino, ma dove sono andati a finire gli artigli? Non rispondo, sono un gatto dunque non ho voce, al massimo faccio ron ron. Quattro piccole zampe vellutate, naso rosa, orecchie rosa, linguetta rosa e tanto caldo. Come potrò mai uscire da questo letto? Il letto è grande. Nel mezzo del letto c'è una valle con una foresta. Il re conduce il suo gatto, sempre più gatto nella foresta. Naso contro naso, occhi contro occhi. Lui ha quattro occhi, poi avvicinandosi resta un occhio solo come un ciclope.

Sto bene in questo letto, come dentro il ventre di una balena. Cammino nel ventre della balena come nel ventre dell'oceano. Me ne resto qui sotto le coperte al buio e al caldo. Fuori nella nebbia non voglio più mettere il naso. Lui mi veste, mi pettina, mi porta il caffè a letto, mi tratta come la sua bambina, come la sua regina.

Viviamo insieme da qualche giorno.

Gli parlo del mio film e gli chiedo di scrivere i dialoghi. Lui vuole sapere tutto e allora gli spiego che i protagonisti sono due sordomuti, Michael e Edoardo, che ci incontriamo al pub nell'East End, che l'idea del film è quella di far avere la sensazione del sentirsi estranei alla società. Effetto che vorrei ottenere attraverso la cessazione di ogni rumore quando la macchina da presa riprende la realtà vista dai due protagonisti sordomuti, e il ritorno del frastuono della vita quando invece la macchina da presa riprende la realtà in cui i protagonisti sono immersi.

L'alternarsi della visione soggettiva a quella oggettiva, sarà il leitmotiv, il tema del film.

D. entusiasta si alza in piedi e dice:

«Mi metto subito a lavorare, tu esci e compra qualcosa da mangiare». Si mette davanti alla macchina da scrivere.

***

Ho appuntamento con i miei amici al solito pub nell'East End, porto con me anche D.

Lorenza Mazzetti, Daniele Paris, John Fletcher, Lindsay Anderson prendono il tè in una pausa della lavorazione di *Together*. Stirling University Anderson Collection.

Presento D. agli amici che restano un po' perplessi perché lui annuncia l'arrivo di tre attori professionisti che stanno per raggiungerci e che dovrebbero interpretare la famiglia presso la quale hanno preso alloggio i due sordomuti.

Infatti il giorno prima D., al quale avevo chiesto di partecipare al film, aveva insistito per procurare attori professionisti per recitare queste parti.

Inoltre aveva battuto a macchina i dialoghi che aveva portato con sé, da consegnare agli attori perché li imparassero a memoria.

Non avevo osato oppormi, convinta da lui a dare «un tocco di professionalità» al tutto.

Ci spostiamo tutti quanti sul set, nella camera da pranzo da me e Michael addobbata per l'occasione.

Un tavolo, quattro sedie, piatti e zuppiera, un bel quadro al muro e uno specchio.

I tre attori professionisti sono arrivati e D. sta istruendoli, mentre io con i due sordomuti e il cameraman ci ritiriamo in un angolo in attesa di poter incominciare a girare la scena.

La scena consiste nell'entrare nella stanza, salutare la moglie e il marito già seduti a tavola e sedersi con loro. La moglie serve da mangiare a tutti quanti, mentre la ragazza dice di essere in ritardo perché il fidanzato la sta aspettando. Si guarda allo specchio sistemandosi i capelli.

Dalla scena si deve capire l'imbarazzo di fronte a due persone che non sentono e non parlano. Forse anche un po' di fastidio.

Mentre la figlia graziosa si guarda allo specchio, si deve notare lo sguardo del giovane sordomuto completamente affascinato da lei.

Un mondo di silenzio e di delicatezza, interrotto dai rumori del porto e delle navi che passano.

Le battute avrebbero dovuto essere:

«Prego, accomodatevi. Sedetevi. Ne volete ancora? Mangiate».

Frasi che peraltro non saranno udite dai due sordomuti ma rese comprensibili dai gesti.

D. chiede il nostro silenzio assoluto e fa leggere ad alta voce agli attori i loro dialoghi. Poi li fa ripetere a memoria. Naturalmente sbagliano, non ricordano. Ma devono ripetere una terza volta e poi ancora. Pensavo si trattasse di poche battute, ma vengo a scoprire nei dialoghi di D. che la ragazza ha un fidanzato che non piace alla madre, che fa il meccanico, che fa soffrire la figlia perché probabilmente ha un'amante, perché un'amica della madre lo ha visto con un'altra donna...

Ora tocca al padre recitare. Riporta il discorso sul cibo e dice che lui deve andare a lavorare sulla banchina con un amico che lo aspetta su una chiatta sotto il ponte e deve aiutarlo a caricare le masserizie, anche perché l'amico è appena uscito dall'ospedale e quindi non sta molto bene e poi sua madre lo aspetta e non sa che lui non sta bene, e lui per questo va ad aiutarlo. A questo punto l'attore dovrebbe alzarsi e uscire dalla stanza.

Mi rendo conto che non mi interessa affatto fare un

film sulla vita di queste persone, ma un film sul disagio di sentirsi estranei al mondo e lo dico a D.

Il cameraman fa notare che non è attrezzato per registrare in *sink* i dialoghi con le immagini e quindi è necessario o tagliare i dialoghi o doppiarli in seguito.

D. comincia ad essere un po' nervoso.

Io decido di iniziare le riprese.

D. continua a dare ordini a tutti, con grande irritazione di Michael e Edoardo.

Io mi rendo conto della tragedia che sta per arrivare. Metto la macchina da presa davanti alla porta per filmare Michael che entra. A tavola ci sono già gli altri seduti, compreso Edoardo.

D. interviene dicendo che secondo lui sarebbe meglio mettere la macchina da presa non di fronte ma dietro a Michael e vederlo entrare di spalle.

A questo punto Edoardo Paolozzi si alza e dice che lui è venuto a recitare per me e se continua questa situazione, sia lui che Michael se ne vanno.

La tragedia arriva, tremenda, D. mi pianta in asso dicendomi che non mi vuole mai più vedere. Mai più, mai più. Esce portandosi via i suoi fogli.

***

Il mio letto è vuoto, il mio amore, scomparso, mi ha lasciato, quasi non respiro più.

Girovago per King's Road. Mi fermo a tutti i pub per vedere se è lì, ma non c'è mai. Vado altrove, ho freddo, tremo tutta, sono senza padrone e senza guinzaglio. Dov'è il mio Daddy? Io sono un cucciolo e piango, piango.

Un tizio mi ferma e mi chiede: «Che hai, perché piangi?».

«Non è vero che piango».

Lui dice: «Ti consolo io».

Io dico: «No grazie».

Lui dice: «Sì, ti accompagno».

Io dico di nuovo: «No grazie, lei è molto gentile».

Lui dice: «Sì, sì».

Io dico: «No, no».

Lui dice: «È perché sono nero?».

Io dico: «No, no».

«Allora ti accompagno, vieni ti offro da bere», dice lui.

«No, no», dico io.

«Perché sono nero?», insiste lui.

«No, no, no», dico io.

«Allora vieni a bere un bicchiere», dice lui.

Io non voglio offenderlo e quindi accetto di bere una birra con lui. Poi lui dice: «Vengo a casa tua, ti accompagno». Più insiste più io piango.

Invece del mio amore, mi ritrovo con questo tizio che mi perseguita e che non voglio offendere.

Mi vengono in mente queste parole: «*Oisive jeunesse à tout asservie, par délicatesse j'ai perdu ma vie*». E allora scatto e comincio ad urlare.

Lo vedo allontanarsi nel buio tutto triste, sicuro di essere stato respinto perché nero, invece io amo un altro.

Intorno a me è sceso il buio.

Ho visto chiara e tonda la soluzione: il suicidio.

Uscendo dal ristorante dove lavoravo, avevo perso l'ultima corsa dell'underground per tornare nella mia stanzetta, ma non volevo neppure più tornare in quell'orribile stanzetta, in realtà non volevo neppure restare in questa città, non volevo neppure più restare su questa terra, in questo mondo.

Era così buio intorno a me che mi sono accasciata al suolo e ho cominciato a singhiozzare. Piangevo così forte che a malapena ho visto tra le lacrime la faccia di un policeman che si chinava verso di me dicendo: «*Come on baby, don't cry!*». Ma io continuavo a piangere e a singhiozzare.

Mi sono sentita sollevare da terra e mi sono trovata fra due policemen che mi dicevano: «*Come on baby, come with us*».

Mi hanno fatto accomodare nella loro macchina e mi hanno portato via.

Così mi sono ritrovata in una piccola stanzetta nella stazione di polizia con i due uomini che si davano da fare per consolarmi.

Mi hanno portato *a cup of tea with milk and sugar* e mi hanno domandato perché piangevo tanto.

Io dicevo che mi aveva abbandonato e loro dicevano che lui non mi meritava perché non si lascia una ragazza graziosa come me e che io mi sarei meritata un uomo dolce, gentile che comprendeva le mie aspirazioni e non uno che voleva competere con me facendomi credere di essere una stupida.

Quando hanno visto che ero più calma, mi hanno accompagnato in una cameretta. «*Now sleep baby*», hanno spento la luce e chiuso la porta dandomi la buonanotte.

V

Sola e disperata, stavo nel laboratorio dove l'angelo del British Film Institute mi aveva messo a montare il film. C'era una moviola e io mi ritrovavo in un mare di pellicola.

Quando Denis Forman mi domandò come andava, gli risposi che «annegavo nella pellicola». E allora lui mi disse: «Ho qui tre persone, anche loro stanno facendo un film per me, uno di questi è un critico cinematografico, molto intelligente, ma molto burbero, però se gli piacerà quello che hai girato, ti aiuterà certamente a montarlo».

Apparve Lindsay Anderson, un giovane scorbutico, che mi guardò con aria diffidente dicendo che non era sicuro di potermi aiutare. Ma dopo aver visto ciò che avevo girato, mi disse: «va bene, ti aiuto a montarlo».

E così l'angelo mi salvò per una seconda volta, mandandomi un suo emissario, Lindsay, con il quale divenni tanto amica da meritare quasi tutte le sere di essere invitata a cena a casa sua. A queste cene partecipava entusiasta anche Daniele Paris, il mio amico che aveva scritto la colonna sonora del mio film *La metamorfosi*.

Lindsay, che aveva visto il film, si entusiasmò della colonna sonora e volle che il mio amico Daniele venisse a Londra a sonorizzare *Together*.

D'altra parte le polpette al curry di Lindsay erano una attrazione irresistibile, anche perché Lindsay quando le cucinava e le serviva poi a tavola, lo faceva come un rito sacro.

Il mio rapporto con Lindsay era molto divertente. Lui comandava sempre tutti quanti e io spesso rispondevo: «Sì, mio capitano». Finalmente avevo trovato qualcuno che mi voleva bene e mi trattava come un padre buono.

Le cene da Lindsay consistevano soprattutto in polpette al curry con patate e verdure, whisky alla fine e canzoni suonate con la chitarra. Che bella voce aveva Lindsay, da colonnello si trasformava in un romantico innamorato.

Daniele Paris, che in Italia era già un direttore d'orchestra e un compositore d'avanguardia, amava le canzoni folkloristiche cantate da Lindsay, ne scelse una e ne fece la colonna sonora di *Together*, una canzone per bambini.

La casa di Lindsay è una bella casa. Oltre ad un salone c'è anche una vetrata che dà su un piccolo giardino. Quando arriviamo noi per la cena c'è sempre gente che va e che viene, un porto di mare.

Ci sono una serie infinita di attori e ballerini perché Lindsay è uno dei registi del Royal Court Theatre.

A casa di Lindsay ho incontrato il famoso Gavin

Lambert, il critico cinematografico di «Site and Sound». Si vede che loro sono amici da tanto tempo, ma lui è un personaggio timido e sfuggevole.

Anche Lindsay è un critico cinematografico, ha fondato la rivista «Sequence» dove ha scritto a lungo su John Ford, il regista che lui ama di più, poiché – secondo lui – è il regista dell'amicizia.

Lindsay mi racconta di essere andato in America per intervistare John Ford e alla fine dell'intervista gli ha domandato: «Che posso fare io per lei?».

E John Ford gli ha detto: «Essermi amico».

Allora io ho chiesto a Lindsay che cosa posso fare io per te e lui sorridendo: «Essermi amica».

Poi vergognandosi del suo sentimentalismo, ha aggiunto: «ed ora è bene andare a cena».

***

Oggi Daniele ci ha annunciato di avere composto la musica per il film.

Arriva raggiante con i fogli in mano, per andare all'appuntamento con i musicisti.

Io sono emozionata all'idea che in quei fogli è scritto il commento al mio film.

Lindsay ha deciso di intitolarlo *Together* e mi piace, perché sottolinea l'amicizia tra i due sordomuti.

Infatti è l'amicizia che muove Lindsay nella vita e so che per lui un amico è «per sempre».

Ce ne andiamo tutti e tre cantando allo studio di sonorizzazione, dove John Fletcher, il tecnico del suono, un amico di Lindsay, ci aspetta.

Con mia sorpresa trovo allo studio cinque musicisti già pronti, in attesa del direttore d'orchestra.

Si fa buio in scena, Daniele sale sulla pedana e non si sente più volare una mosca.

Daniele dirige con sicurezza, mi colpisce il potere e il fascino che ha sui musicisti, con poche mosse autoritarie.

Sento per la prima volta la musica che sarà del film, mi piace.

Si vede che Daniele è abituato a dirigere, in Italia è famoso per essere uno dei pochi, se non l'unico, che dirige musica moderna.

Finita la registrazione, Daniele ringrazia i musicisti e si decide di fare un break.

«Bravo, bravissimo», dice Lindsay. «*Let's have a nice cup of tea*».

Siamo tutti d'accordo.

Daniele dice a Lindsay: «Sai Lindsay sono colpito dalla civiltà di questi musicisti».

«Come mai?».

«Se erano italiani, avrei dovuto richiamarli almeno cinque o sei volte. È difficilissimo ottenere il silenzio in sala, perché chiacchierano e si distraggono e allora io urlo e mi incazzo, e per questo sono considerato un burbero nevrotico».

Lindsay con aria comprensiva gli risponde: «Dunque torneresti volentieri qui a dirigere la musica per un mio film?».

«Certamente, tornerei proprio volentieri».
«Questo è un patto!».
«E questa è una promessa!», dice Daniele.

Torniamo allo studio per sincronizzare la musica con le immagini e poi aggiungere i rumori, le grida dei bambini e i suoni del porto.

L'ultimo suono è la sirena di una nave lontana che entra nel porto, mentre una chiatta lentamente si allontana ed appare la parola fine.

Siamo tutti commossi e felici.

Lindsay molto seriamente dice:

«*I think we deserve to have something to eat*».

«Hai ragione, ce lo meritiamo!».

***

Lindsay mi dà appuntamento al British Film Institute per farmi vedere il film che lui ha girato e quello che Tony e Karel hanno fatto.

Ne resto entusiasta e impressionata, ma non ho il tempo di esprimermi perché mi trascina all'appuntamento con i suoi amici al coffee bar di Soho. Loro hanno visto il mio film e vogliono assolutamente incontrarmi.

Tony è un giovane regista di teatro e Karel dirige l'ufficio stampa della Ford Company. Tutti e due sono al loro primo film, finanziati da Denis Forman.

Sia Karel che Tony che Lindsay parlano il perfetto inglese della *upper class*.

Ci incontriamo in questo caffè molto accogliente a Soho e scopro che il proprietario è un italiano. Il suo

Fotogramma del film *Together* di Lorenza Mazzetti.

è uno dei pochi caffè di Londra, qui ci sono soltanto pub.

Lindsay mi guarda e con un'aria molto seria dice: «Lorenza, Tony, Karel ed io troviamo che i nostri film abbiano dei punti in comune con il tuo film. Insomma, c'è uno stesso modo di guardare il mondo che ci unisce... È un atteggiamento verso gli altri che implica un rispetto e una solidarietà umana, che oggi manca».

Karel si introduce dicendo: «Amiamo l'importanza che dai alle persone semplici e alla vita quotidiana, questo è quello che ci unisce».

E Tony: «Questo atteggiamento cancella ogni divisione di classe, ma soprattutto cancella la differenza tra chi è qualcuno e chi è nessuno. Intendo dire che ormai i nostri operai, i nostri lavoratori, la sera si ubriacano e hanno perso ogni dignità sentendosi dei nessuno, anche perché non viene data loro mai una voce in capitolo».

Lindsay dice che è venuto il momento di schiaffare le facce dei nostri adorabili amici, che parlano con il loro linguaggio *cockney*, sullo schermo.

Non erano disprezzati e non si sentivano dei nessuno durante la guerra, quando servivano a lottare contro i tedeschi.

Tony aggiunge che i miei personaggi non riescono a partecipare al mondo esterno, per esempio nel mio film *K*, il protagonista Gregor rappresenta quel malessere che è la premessa di una qualsiasi fondamentale rivolta. In realtà la sua estraniazione è un'accusa alla società che lo circonda. Kafka dice il contrario di ciò che dice: Gregor è l'accusato, colpevole di non voler aderire alla società così com'è, mentre in realtà è l'accusatore.

Il vero messaggio di un artista sta nell'effetto che ottiene sul pubblico. L'effetto de *La metamorfosi* di Kafka è infatti l'indignazione nei confronti della società rappresentata dal padre di Gregor.

La rivoluzione passa attraverso quest'angoscia, questa estraniazione, dice Karel.

Certo un artista che vuole accusare la società non lo fa direttamente, per esempio nel film di Lindsay *O Dreamland*, la canzone *I believe* urlata su questa massa di persone abbrutite, ottiene l'effetto dell'indignazione. Questa indignazione è ottenuta dal contrasto tra le scene e il commento sonoro, così mi pare.

In *Momma Don't Allow* di Tony e Karel, dei signori dell'*upper class* scendono anche loro nella cantina, ma non riescono a ballare quella danza sfrenata, perché troppo superiori a questa massa di poveracci. Vedi il gesto di portare via l'angelo in cima alla loro Rolls-Royce e metterselo in tasca per paura che lo rubino. È molto efficace, dico timidamente.

Lindsay ci interrompe per dire: «Ci siamo riuniti per scrivere un Manifesto, non è così?».

«Sì, certo».

«E allora, scriviamolo!».

Tira fuori dei fogli e una penna e si mette a scrivere.

«Non so se siete d'accordo, ma il titolo dovrebbe essere Free Cinema Movement».

«Free, perché?».

«Free Cinema nel senso di film sperimentali, il cui scopo non è quello di essere dei film commerciali, cioè per fare soldi. Lo scopo invece è la libera espressione di un regista, senza imposizioni del produttore, del distributore, della sceneggiatura o addirittura della tecnica.

«Come noi abbiamo avuto la possibilità di esprimerci senza doveri e senza motivi di lucro, chissà quanti altri giovani registi in giro per il mondo, stanno producendo con pochi soldi qualcosa di importante. Ebbene, noi qui abbiamo un cinema a nostra disposizione e potremmo far venire a Londra tutti questi giovani registi dall'America, dalla Francia, dalla Polonia. Abbiamo la possibilità di proiettare i loro film e di farli conoscere. Abbiamo la critica e i giornali a nostra disposizione. Londra deve diventare una pista di lancio di giovani sconosciuti che meritano di essere conosciuti. Un festival del cinema sperimentale internazionale, un festival del cinema indipendente di ogni nazione.

«Il British Film Institute ci darà la possibilità di ospitarli e farli conoscere. Penseremo noi a dargli la gloria. *Stand up, stand up!*

«A questo punto, sarà il caso che firmiate».

E così abbiamo firmato entusiasti.

These films were not made together; nor with the idea of showing them together. But when they came together, we felt they had an attitude in common.

Implicit in this attitude is a belief in freedom, in the importance of people and in significance of everyday.

As film-makers we believe that:
No film can be too personal.
The images speak.
Sound amplifies and comments.
Size is irrelevant. Perfection is not an aim.
An attitude means a style.
A style means an attitude.

Lorenza Mazzetti
Lindsay Anderson
Karel Reisz
Tony Richardson

***

Qualche giorno dopo Karel Reisz ci invita a pranzo a casa sua, potremo così parlare di tante cose.

Lo trovo occupatissimo con un bambino piccolo che urla e strepita, ed una moglie carina, che si occupa del cibo per noi.

Karel è molto allegro e spiritoso, mi tratta come se fossimo vecchi amici da sempre. Contrariamente a quello che pensavo non si discute affatto di cose serie.

Ma ecco che Karel corruga la fronte e diventa serissimo, forse sta per parlarmi di filosofia o di qualcosa del genere. Mi poggia una mano sulla spalla e chinandosi mi dice all'orecchio:

«Lorenza, mi sapresti spiegare perché mio figlio, qualsiasi giocattolo gli regalo lo spacca per vedere cosa c'è dentro? Ti sembra normale?».

«Certo», dico io divertita.

Gli inglesi hanno una grande abilità e cioè dare estrema serietà a cose futili e parlare di cose tragiche con indifferenza. Questo si chiama «*under statement*».

Finito il pranzo ce ne andiamo divertiti.

Il giorno dopo Lindsay mi accompagna da Tony Richardson. Andiamo a trovarlo al Royal Court Theatre, il grande teatro al centro di Londra. È giovane, alto, magro, bello, ovviamente, come Karel e Lindsay, parla un perfetto inglese oxfordiano. Avendo troppe qualità cerca di stemperarle inceppandosi spesso nel discorso e facendo della timidezza un'arma per difendersi dall'invidia altrui.

Questa volta, dopo essersi congratulato con me, attacca un discorso con Lindsay che dura un bel po' e del quale capisco che si tratta di un lavoro teatrale da programmare.

Ce ne andiamo e il giorno dopo Lindsay mi porta a parlare e a conoscere il direttore del British Film Theatre, che gestisce i programmi del cinema del British Film Institute.

È un bel signore. Mi ricorda l'attore Trevor Howard.

Lindsay gli domanda se possiamo avere per una settimana il cinema del Film Institute, a Waterloo Square, per proiettare i nostri film con il lancio di un Manifesto.

Il direttore comincia a trovare delle scuse in quanto avrebbe programmato già altri film. Ma Lindsay lo guarda fisso negli occhi, con il suo sguardo tipico che usa nei momenti importanti e che sembra dire «non vorrai mica dirmi di no». Lo guarda fisso e dice:

«Ma la mia non è una richiesta, è un ordine».

A questo punto il direttore, il signor Robinson, scoppia a ridere e dice:

«Ah, visto che è un ordine non posso dire di no».

Lindsay mi prende per un braccio e mi dice:

«*Let us go now*».

Questo è solo l'inizio mio caro Robinson, perché quando arriveranno dalla Francia e dall'America ed altri paesi i giovani registi del cinema indipendente, occuperemo di nuovo il tuo cinema!

***

Torno a fare la cameriera al ristorante «The Soup Kitchen». Ho una fame terribile, sono in ritardo.

Sono confusa e agitata e non riesco a ricordare quello che hanno chiesto i clienti. Porto una *peas soup* a un signore che invece aveva ordinato una *tomato soup*.

Lui protesta e io esausta, stanca, non mi reggo più in piedi, è notte fonda, gli dico se per favore accetta quello che gli do. Lui si secca e risponde che non accetta, io insisto e lo prego di accettare e me ne vado a servire altri clienti.

Con la coda dell'occhio lo vedo alzarsi e andare alla cassa dal direttore, protestare, indicandomi con il dito minaccioso e risedersi al suo tavolo.

Redarguita dal direttore gli porto il piatto da lui desiderato, mi avvicino al suo viso e al suo orecchio e gli dico «adesso mi licenzia, è contento?» e me ne vado. Lui mangia in silenzio. Si alza e se ne va, è un bel giovane, ovviamente ricco, il tipo che io detesto.

Continuo a fare il mio lavoro e poi all'ora della chiusura prendo la mia giacchetta e la borsa ed esco. Fuori è notte e fa freddo. Una bella macchina davanti a me, con una persona che mi guarda. È lui, il giovane della zuppa. Apre il finestrino, mi chiama e con un viso disperato mi supplica di perdonarlo.

Non me lo sarei mai aspettato. Accetto le sue scuse e mi commuovo. Il mostro è diventato umano. Mi chiede se può accompagnarmi a casa. Si occupa di pubblicità, vuole farmi vedere i suoi lavori. È bello, ricco e gentile ma il mio cuore è altrove.

***

Tutti emozionati ci troviamo noi quattro, il giorno stabilito, al Film Theatre del British Film Institute a Waterloo, alle ore 5 p.m.

I quattro film saranno proiettati uno dopo l'altro e Lindsay sarà all'ingresso a vendere il Manifesto.

Io, Tony e Karel siamo tutti molto agitati. Cosa succederà?

Quello che ci fa impressione è che c'è una coda lunga quasi un chilometro. Com'è possibile tutta questa gente?

La proiezione finisce con grandi applausi. I giornali «Observer» e «Sunday Morning» parlano di «*white hope*» per il cinema. Gavin Lambert scrive un sacco di cose belle su di noi, siamo tutti e quattro invitati in TV a parlare con un signore famosissimo che si degna di rivolgermi la parola. È il signor Dimbleby o qualcosa del genere.

Tra le varie persone c'è un prete che si alza e mi dice: «I bambini dell'East End non sono così cattivi come lei li descrive».

Io insisto nel dirgli che il mio film non è un documentario.

Dopo la trasmissione televisiva ci ritroviamo tutti in un bar. Siamo soddisfatti, ridiamo e scherziamo. Lindsay dice che potremmo anche concederci un whisky.

Cominciamo a prenderci in giro.

«Secondo te, come è andata?», chiede un po' ansioso Tony Richardson.

«Io direi bene», dice Karel nel suo impeccabile inglese.

«È andata bene, solo che tu sudavi e facevi schifo!», dice Lindsay con il suo accento di Cambridge.

Karel sorpreso: «Ma dite davvero che sudavo e facevo schifo?».

«Non è vero, era Lindsay che con il suo naso lungo e a vela ti faceva ombra sul viso», dice Tony.

Lindsay rivolto a me con faccia sorpresa:

«Lorenza, facevo ombra col mio naso?».

«Sì, con il tuo naso facevi ombra a tutti».

A questo punto Lindsay si fa serio in volto, molto serio. Che si sia offeso?

Ci guarda con quello sguardo micidiale che precede ogni suo detto e che significa: «Non oserete contraddirmi, *you idiots*». Quindi apre la bocca e dice:

«Mi pare che sia venuto il momento di fare lo stesso boom a teatro».

«Sì, è giusto», dice Karel, con quell'aria per la quale il suo sì è definitivo.

«Sì», mormora Tony pensieroso.

Dopo tutto, sia Lindsay che Tony sono i registi del Royal Court Theatre.

Lindsay guarda Tony con un tono da inquisitore. «Mi avevi detto tempo fa che ti era arrivato un testo pieno di ingiurie, dove lo hai messo?».

«Devo averlo messo tra le mie carte in qualche cassetto. Non so dove, lo cercherò».

«È il caso che tu lo trovi subito».

«Non vorrei che durante la rappresentazione qualcuno chiamasse la polizia e che ci facesse chiudere lo spettacolo».

«Ma tutti questi insulti contro chi sono?», domanda Karel.

«Contro l'*establishment*, naturalmente», risponde Tony.

Lindsay dice: «Va benissimo, basta preparare il pubblico che vi sarà un dibattito alla fine dello spettacolo e tutti potranno prendere la parola».

«Saremo tutti in prima fila», diciamo.

E Lindsay aggiunge: «Ma come si chiama questo autore?».

«Non mi ricordo il nome, è un giovane, mi pare si chiami Osborne».

«E il titolo del testo?».

«Non ricordo».

***

Un mese dopo ci siamo trovati tutti e quattro al Royal Court Theatre.

Tony e John Osborne dietro le quinte, noi giù in platea pronti a dar man forte.

Nel teatro rimbombavano gli insulti sia sul palcoscenico che dalla platea al palcoscenico. Il dibattito ci fu e il boom desiderato fu totale.

Quando stavo con i miei amici avevo l'impressione di stare con i tre moschettieri. Tony Aramis, Karel Athos e Lindsay d'Artagnan.

Tutti gridavano e parlavano, io capivo a malapena quel che accadeva. L'*establishment* comunque ebbe quel che si meritava.

Il giorno dopo lo spettacolo di John Osborne ci siamo tuffati a leggere tutti i giornali: come Lindsay prevedeva, gran parte dei giornali dell'*establishment* commentavano che si trattava di un giovane nevrotico e isterico, insomma un caso clinico, che diceva un sacco di scemenze. Si puntava molto sulla nevrosi del personaggio.

Grande entusiasmo invece da parte del critico dell'«Observer», Kenneth Tynan. L'effetto è stato comunque che il teatro si è riempito di gente.

Forti del successo quotidiano dello show, ci siamo

riuniti tutti quanti a casa di Lindsay Anderson per fare un piano di battaglia.

«E adesso, dobbiamo prendere la Bastiglia!», dice Lindsay portando le sue solite polpette al curry e distribuendole con sacralità.

«Sarebbe a dire?», domanda Karel.

«Dobbiamo impossessarci del British Film Theatre per almeno un mese e proiettare i film indipendenti fatti dai giovani di tutto il mondo, che giacciono non visti e non distribuiti».

«Ottima idea!».

«Di questo ti occupi tu», dice Lindsay a Karel.

«Va bene, me ne occupo io».

«Io e Lorenza andiamo alla rivista "Sight and Sound" e parliamo con Gavin Lambert, che contatti tutti i giovani cineasti americani indipendenti, attraverso i suoi amici di Film Culture, come Jonas Mekas, che porti giù la sua ciurma», dice Lindsay, dando ordini come un colonnello prima dell'attacco, «e poi mi occuperò della Francia chiamando Marcorelles e farò venire i francesi che bazzicano la "Revue du Cinéma"».

«E io?», dice Tony.

«Tu», risponde Lindsay, «hai il compito più difficile e più importante. Bisogna che noi facciamo i nostri film da soli, senza chiedere aiuto a nessuno, tanto meno a quei luridi distributori. Non voglio fare un film e poi doverlo sforbiciare tutto perché loro non vogliono vedere la faccia di un lavoratore sullo schermo.

«Io voglio un'Inghilterra in cui il cinema possa essere rispettato e compreso da tutti e ci tengo a presentare il mio film alle platee britanniche e le simpatiche facce di questi nostri amici si meritano un posto d'onore sugli schermi del loro paese».

Lindsay è tutto rosso in viso. Si asciuga il sudore, non si sa se perché ha urlato o perché ha cucinato.

Tony si alza in piedi e dice: «Sì, dobbiamo fondare una casa di produzione nostra, nella quale produciamo ognuno i film degli altri. Karel, tu produrrai il film di Lindsay e io produrrò il film tuo».

Così è nata la Woodfall Company, la compagnia che produrrà i nostri film.

È bastata una polpetta al curry e un po' di whisky per programmare un futuro cinema inglese che resterà nella storia.

***

Si organizzò la prima mostra del Free Cinema Internazionale, intitolata International Free Cinema n. 2, che prevedeva ovviamente un International Free Cinema n. 3, n. 4, n. 5...

I primi ad arrivare a Londra furono gli americani.

Mi è rimasto impresso Lionel Rogosin, giovane dal viso affascinante, famiglia russa e nonno rabbino. Figlio di un padre facoltoso, arrivato in America senza una lira, adesso aveva un figlio che pensava a dilapidare la sua ricchezza. Oltre al meraviglioso film che ci ha portato a vedere, spiegava che aveva aperto, al centro di New York in

Bleeker Street, un cinema dove proiettare i film non distribuiti nei normali circuiti, cioè il cinema indipendente.

Il film che ha presentato si chiama *On the Bowery*, un film sulla strada dove vanno a ubriacarsi le persone più o meno senza soldi.

Dopo pochi minuti di proiezione, uno si trova in mezzo a loro che parlano, sempre più ubriachi, e l'impressione è di stare veramente seduti fra questa gente alterata. Nessun giudizio. Bellissimo.

Jonas Mekas arriva circondato da giovani ragazze, avvolto in una nuvola di fumo. Il gruppo emana un profumo inebriante, mi viene spiegato sottovoce che stanno fumando droga. Lui avanza, naturalmente scalzo, con l'aria di un guru.

Il suo film si intitola *Guns of the trees*.

Arriveranno poi James Broughton con *The pleasure garden*, Stan Brakhage con *Anticipation of the night*, e Gregory Marcopulos, e un simpaticissimo Richard Leacock, che apparentemente si presenta come documentarista, ma non si può fare a meno di ridere per tutto ciò che il suo occhio capta della realtà.

E qui il problema si pone: è mai possibile riferire la realtà senza intervenire con il proprio occhio a vederne alcuni aspetti a danno di altri? L'umorismo è certo un modo assolutamente personale di documentare la realtà.

Infine arriva Kenneth Anger con *Skorpio Rising*, un film le cui immagini vanno a tempo con il commento musicale, mentre normalmente è la musica ad essere il commento alle immagini. Praticamente senza dialogo, il film insiste sulla vestizione di un giovane centauro prima di salire in motocicletta. C'è qualcosa di sacro nel rituale di questo giovane che poi sale in moto e muore.

Più avanti arriverà *Ombre* di Cassavetes, un film in bianco e nero nel quale l'intreccio è dato agli attori come un canovaccio nel quale essi possono improvvisare, recitando come vogliono la parte assegnata. Anche il regista è libero di improvvisare, sì che l'intero film è di una spontaneità meravigliosa, le emozioni vengono a galla impreviste.

Questo è veramente cinema e non la pedissequa esecuzione di una sceneggiatura ferrea, come impongono in genere i distributori.

Il gruppo dei francesi fa capo a Jean Rouch e a Chris Marker, con il suo stupendo film *La jetée*.

Poi Georges Franju con il suo *Le sang des bêtes*.

Sembra che arriverà pure Joris Evans.

***

Dopo qualche giorno Lindsay viene al ristorante con la notizia che il mio film *Together* va a Cannes e io devo andare a Cannes a rappresentare l'Inghilterra.

Io dico che da sola non ci vado perché mi vergogno e poi non sono vestita decente. Allora lui dice: «Non ti preoccupare, partiamo tutti insieme in macchina!».

Una macchina aperta, come in un sogno, e poi Lindsay mi dà una busta piena di soldi dicendo: «questi sono i soldi che abbiamo raccolto per te con la vendita al pubblico del Manifesto del Free Cinema. Potrai comprarti un bel vestito...».

Io accenno a rifiutare tutti questi soldi, ma lui mi guarda negli occhi e con il suo tipico tono mi dice: «Questo è un ordine!».

E io ridendo dico: «Sì, mio capitano».

***

Sono tanto allegra che quando arrivo nella mia stanzetta, invece di andare a letto a dormire, metto un disco di Elvis. È così bello che lo rimetto continuamente fino a che presa dal ritmo del rock'n roll mi metto a ballare. Non c'è posto nella stanzina, così salgo sul tavolo e ballo. È notte fonda.

Non mi rendo conto del rumore che faccio tutta presa dalla musica, fino a quando la porta della mia camera si apre e appare la padrona di casa in camicia da notte e vestaglia che con viso sbigottito e indignato mi guarda e dice:

«*This is not really something to do, isn't it?*».

«*Not really*», rispondo.

Salto giù dal tavolo, fermo il disco.

Lei si guarda intorno, poi mi fissa e dice: «I miei quadri alle pareti, dove sono?».

Io accenno con un dito sotto il letto.

«Non le piacevano?».

Io non rispondo.

«Ok. Lei domani deve lasciare la stanza e rimetta i miei quadri dov'erano».

«Mi lasci almeno il tempo di trovare un altro posto».

Se ne va sbattendo la porta. Poi rientra e dice: «Rimetta i miei quadri al loro posto!».

Io resto sveglia fino alla mattina e sono un po' depressa. Comunque esco e prendo l'underground per andare al lavoro.

Mi fermo in un grande magazzino. Mi riempio le tasche. Nella tasca di destra ficco un barattolo di marmellata e a sinistra una tavoletta di cioccolato. Ne ho proprio bisogno.

Esco lentamente, nessuno mi ha visto. Faccio due o tre passi quando una voce mi chiama.

Mi fermo paralizzata, sento una mano sulla spalla, un signore mi fa notare che ho perso un fazzoletto. Lo ringrazio tanto, troppo, lo bacio e lo abbraccio. Lo lascio un po' stordito e corro via verso il ristorante dove lavoro. Mi propongo di non farlo mai più. No, non lo farò mai più.

Arrivata al ristorante, scendo giù in cucina e mi mangio un pezzo della cioccolata, ma sono costretta a darne un po' a Peter che mi guarda con invidia. Il resto lo metto via nella tasca della giacca. Mi sento molto meglio.

Torno al piano di sopra a preparare i tavoli. Un signore molto affascinante entra nel ristorante. Spero che venga a sedersi al mio tavolo.

Il signore elegante si rivolge al proprietario che è alla cassa chiedendogli qualcosa.

Il proprietario punta il dito proprio su di me.

Dio mio, che cosa avrò mai fatto!

Penso alla tavoletta di cioccolata e mi precipito giù in cucina agitatissima.

Prendo il vasetto di marmellata di albicocche e butto tutto nell'immondizia.

Peter mi dice: «Ma che fai?». E cerca di prendersi le cose che sto buttando.

Io sono paralizzata in attesa di essere chiamata. Quell'uomo insiste nel volermi vedere, allora salgo su tremando, ripetendo dentro di me la frase: guardi pure nelle mie tasche, non ho nulla!

A cosa sono servite le punizioni dello zio Robert, che mi faceva scrivere cinquanta volte «non si dicono le bugie»?

Il signore affascinante mi viene incontro e dice: «Lorenza?».

«Sì, sono Lorenza», dico.

Il signore affascinante mi tende la mano e dice:

«Mi chiamo Ernö Goldfinger, sono un architetto, mi manda un suo amico, Guillaume Chpaltine. Lui non è potuto venire a Londra ad aiutarla perché deve finire il suo libro, dice che la aspetta a Firenze quando torna. Quindi ha mandato me con l'incarico di aiutarla, sono a sua disposizione, mi dica che cosa posso fare per lei».

Mi invita nella sua casa di Hampstead, in Willow Road. Alle 12 e mezza, dice uscendo.

***

Chiamo Lindsay Anderson e gli dico che ho cambiato casa e mi trovo a Willow Road numero 2 e lo aspetto a pranzo.

Chissà che faccia farà quando entrerà in questa casa meravigliosa!

Mi trovo in questa casa magnifica con il signor Ernö, un architetto di avanguardia, e sua moglie Ursula.

Il pranzo è pronto, io preparo la tavola, Ursula ha cucinato e Ernö va ad aprire la porta a Lindsay.

Lindsay entra e rimane a bocca aperta. Ernö lo accoglie dicendo: «Lorenza è qui con noi e ci piace tanto stare con lei che abbiamo deciso di adottarla, almeno finché i nostri figli non tornano dalle vacanze».

Lindsay è esterrefatto e segue Ernö che gli mostra la casa. Guarda ammirato un quadro di Léger, una statua di Giacometti, un quadro di Max Ernst e poi uno di Marcel Duchamp e una foto di Ursula fatta da Man Ray. Vedo il suo stupore sempre più evidente. «Siamo in pieno surrealismo», dice ridendo.

Improvvisamente la parete del salotto si apre e sparisce facendo comparire la camera da pranzo. Lindsay sempre più sorpreso si siede quando un'altra parete si apre e compare Ursula in cucina che viene verso di noi con un arrosto. Ci sediamo a tavola.

Parliamo del Free Cinema, poi di teatro, di Brecht, perché Lindsay sta preparando uno spettacolo al Royal Court.

Dopo pranzo ci sediamo in poltrona e Ernö mette un disco con le musiche di Kurt Weill. Un po' sbronzi cominciamo a cantare in coro la canzone *Mack the Knife*.

Lindsay divertito si alza per andar via, io lo bacio e lo abbraccio.

Lo vedo allontanarsi tra gli alberi, è primavera, un'aria fresca fa vibrare i rami. Lui si volta e mi grida: «Ricordati che tra un mese andiamo a Cannes!».

«Sì, mio capitano!», rispondo.

Lui si allontana nella sua giacchetta di lino bianco ciancicata.

Rientro in casa e sorrido serena, ho una famiglia che mi aspetta. Non è la prima volta che qualcuno mi adotta.

***

Una macchina aperta, con il vento in faccia, come nei libri di Liala.

Arriviamo a Cannes. Una città bellissima, sul mare. Troviamo posto da dormire nella parte vecchia della città. Poi ci dirigiamo sul lungomare dove appare in tutta la sua solennità il palazzo del cinema.

Lindsay mi presenta Zavattini che passa in quel momento. È l'artista e lo scrittore italiano di cui ho divorato i libri e che ammiro.

Cesare Zavattini mi dice: «Lorenza, mi pare che il tuo film sia molto piaciuto, ma non dirlo a nessuno perché è un segreto».

L'Inghilterra avrà il Palmares dell'Avanguardia con *Together*.

Io e Lindsay siamo molto felici, ci abbracciamo.

Sulla rivista giornaliera del festival Simone Debreuille scrive che *Together* è un film da amare con tenerezza come i film di Jean Vigo.

Poi Lindsay e i miei amici partono per Londra, baci abbracci e arrivederci a presto.

Io decido di fare un salto a Firenze da Baby, la mia gemellina.

VI

Baby mi aspetta a braccia aperte. Suo marito è andato a insegnare in una università americana, lei è rimasta con la sua bambina a Firenze. La trovo con un nuovo compagno che si chiama Vincenzo.

Baby mi culla, lei sì che mi capisce, mi accarezza, mi fa lunghi discorsi tipo cinguettii di usignolo, dove affiorano le parole chiave che emergono dal dolce suono della sua voce, come per esempio: Brava! Non ti preoccupare. Non è importante. Vedrai, tutto si aggiusta. Ci sono qua io. Non ti lascerò mai.

Mi rimbocca le coperte e io mi addormento mentre risuonano i rumori della campagna nella mia infanzia.

Io e Baby corriamo al suono delle voci che ci chiamano. Come è bello sentire i nostri nomi risuonare nel bosco. Eccoci, siamo qua! I nostri genitori sono già a tavola e Cicci e Luce pure.

Noi due come Bibì e Bibò combiniamo spesso dei guai. Rompiamo bicchieri, camminiamo sul seminato, diciamo bugie. E ora con le manine lavate ci arrampichiamo sulle nostre sedie e cominciamo a mangiare la pastasciutta. Davanti ai nostri genitori giganteschi, io e Baby piccoline, Bibì e Bibò.

Ma dove siete state, vi avevo detto di non allontanarvi dalla villa.

Ci siamo perse nel bosco.

Vi avevo detto di non andare nel bosco.

Perché la pallina d'oro era caduta in fondo al pozzo. Allora lui, il ranocchio, è andato a prenderla. In cambio vuole mangiare nel nostro piattino, bere nel nostro bicchierino e dormire nel nostro lettino.

Baby tira fuori dalla tasca una piccola ranocchia verdissima che salta in mezzo alla tavola. Lo zio si alza arrabbiato.

Lo zio si china all'orecchio della zia e come al solito quando è arrabbiato parla in tedesco alla zia e le sussurra di dirci che dobbiamo scrivere cinquanta volte: «Non si mettono le ranocchie sulla tavola».

Baby mi abbraccia, mi mette una collanina di pietre colorate. «Come ti sta bene», dice, «dovresti sempre mettere una collanina». Poi mi pettina, mi cambia pettinatura e domanda al suo nuovo amico, uno psicanalista: «Come sta?».

Lui annuisce tenendo in braccio la bambina di Baby. Baby è troppo occupata a farmi bella, ora mi mette un po' di rosso alle guance, poi mi cambia i vestiti. Effettivamente i miei pantaloni sono luridi, non mi cambio da un po' di tempo neppure i calzini che si sono appiccicati ai piedi. Ho orrore dell'acqua e non voglio lavarmi, se mi lavo ho paura che mi vada via con l'acqua anche quel po' di vita che mi è rimasta. Ma Baby e il suo nuovo amico decidono che è bene per il mio futuro fare un bagno caldo e così mentre Baby prepara la cena e lui bada alla sua bambina facendo voci strane e buffe, io me ne sto nell'acqua calda e galleggio, galleggio. È estate, ci sono i grilli, l'erba e gli alberi...

Baby mi mette a letto e mi dà un bacio.

Baby entra in camera con passo di danza, si è messa il vestito bello di Luce, le sta troppo grande, si guarda nello specchio, il grande specchio con la cornice d'oro. «Ma cosa fai Baby, perché ti sei messa il vestito di Luce?». Baby mi guarda, mi sorride mentre il suo vestito si macchia di rosso. Sulla fronte di Baby due forellini da cui sgorga il sangue giù sul vestito sugli occhi sul collo sulle gambe sui piedi sul pavimento. Un colpo di mitra, lo specchio va in frantumi, altri colpi di mitra risuonano per la casa, grida e rumore di stivali. Baby giace per terra in una pozza di sangue.

Io la guardo bene, Baby non è più Baby, è Luce, vicino a lei lo zio Robert e la zia Nina e Cicci, giacciono per terra.

I vetri della casa vanno in frantumi, gli specchi e i lampadari oscillano. Io urlo, lo zio tutto insanguinato si alza e mi sorride, io corro giù per lo scalone e chiamo Baby, mi volto, dall'alto dello scalone vedo Luce coperta di sangue.

Luce avanza con il viso bucato, mi guarda, mi sorride, viene verso di me, ma le grida dei soldati sono più forti della sua voce.

Tata, raccontaci una storia. Una storia come? Quella

della fatina buona. No, perché voi non siete buone. Raccontaci, raccontaci tata la storia della fatina buona.

Zitte, zitte, non fate chiasso, ecco lo zio. Lo zio? Lo zio non c'è più, è morto, si è tolto la vita, è andato in cielo.

La tata comincia a cantare l'Ave Maria. La voce della tata è acuta, riempie i cieli e la nostra casa.

La tata canta e non si può fermare. La tata parla di Dio e dei beati su nel cielo e di tutti loro che stanno lassù, nella gloria del Signore. La tata ci recita il Credo, ci parla della resurrezione dei corpi, le tombe si aprono, tutti resuscitano, così dice la tata. La sua voce riempie tutta la casa. Io e Baby siamo sotto il suo scialle, appoggiate alle sue ginocchia mentre loro stanno su nei cieli. La tata canta, il suo seno si alza e si abbassa. La voce della tata è come la voce di un angelo, riempie le mie orecchie di immagini straordinarie. Il suono della sua voce riempie la casa, fuori il lungarno scorre con il fiume. Io, la tata e Baby quaggiù sulla terra e gli altri nei cieli. Il buio ci sorprende così, abbracciate tutte e tre, le tende ondeggiano, nel buio vedo a mala pena il grande camino e la biblioteca dello zio.

***

I soldati sono entrati dalle porte aperte. Dio è un atrio vuoto dove rintronano i loro stivali. È mai possibile che i nostri morti non si facciano mai vivi?

Che restino sotto terra quando di là nell'ingresso ci sono ancora le loro scarpe?

Nel mio regno dei cieli non ci sarà un regno dei cieli. Posso scandalizzare l'Elsa, ma non posso portarmi neppure un Dio nel mio letto. Guardo Gesù in capo al letto. Penso che sposerò un uomo che gli assomiglia.

Baby dice: «Dio c'è se gli si crede, sennò non c'è».

E allora Alì il nostro cane è venuto su di me e mi ha posato la zampa sul petto. Gli ho detto di andarsene perché mi sporcava il vestito, ma lui non voleva andarsene. Allora mi è presa una grande paura perché Alì è diventato un lupo che mi voleva divorare e ho chiamato Baby che ha acceso la luce e ha detto di star tranquilla perché Alì non c'era. Infatti era morto fucilato, e con lui anche Cicci e Luce e la zia Nina, e poi anche lo zio Robert. Baby mi ha baciato e abbracciato.

E allora mi sono riaddormentata. E lo zio Robert mi diceva che non c'era da avere paura e di «stare tranquilla» e sorrideva, sorrideva. Ma io non ero affatto tranquilla, tanto che ho acceso la luce, tenevo gli occhi spalancati perché non volevo addormentarmi, sentivo il sonno salire come una brocca che si riempie d'acqua. L'acqua è arrivata alla bocca, poi alle mie pupille, che galleggiavano nel sonno come meduse. Ma io non volevo dormire.

Mi sono alzata, e andavo in giro per la casa.

Baby mi cerca per la casa nella notte. Elsa e Baby mi riportano a letto.

***

Lo so che è triste non credere più in Dio per chi ci ha creduto tanto come me, anzi, se devo dire la verità,

Fotogramma del film *Together* di Lorenza Mazzetti.

da piccola amavo oltre a Dio, Gesù e anche il Duce. Tutti allo stesso modo come volevo bene allo zio, però a Gesù un po' più che a Dio e a Dio un po' meno che al Duce.

Ora quando Elsa mi trascina in chiesa a piazza Santa Croce, io guardo quel Gesù crocifisso e il sangue rosso che esce dalle costole, dai piedi e dalle mani. E allora penso a loro, al sangue sulla faccia e sui loro vestiti. E comincio a gridare che non è giusto, non è giusto che si ammazzino delle persone così, solo perché erano figlie di un ebreo. Ma chi l'ha inventato questo popolo maledetto, non era forse il popolo benedetto da Dio?

Elsa si arrabbia e dice: «Lei signorina Penny ha una gran confusione in testa, in pochi mesi è passata da una religione ad un'altra, e la gira in tondo come una trottola. Adesso si scaraventa contro i preti e contro Dio stesso. E poi diventa protestante. Dio ce ne scampi e liberi, ci ha riempito la testa di codesto Lutero, un birbone bello e buono...».

«Per tua regola, Elsa, Lutero non era un birbone. E anche Budda era un grand'uomo».

«Visto che ha la bocca aperta, perché non ci mette dentro un po' di spaghetti, che non le garbano forse? Guardi che la Baby ha già finito il piatto».

Di giorno io ho ragione, ma di notte Elsa è forte come una roccia, cresce come l'erba, riempie la casa e mina le mie fondamenta di vetro. Di notte Elsa non è più Elsa. Sta nel suo letto con Dio tra le braccia.

Io invece mi ritrovo con pezzi di pensiero nel letto.

Pezzi di memoria, una lucciola, una sonata di Beethoven e una Wehrmacht nel letto.

***

Tutte le domeniche andavamo al cimitero. Fanno presto le erbacce a coprire la lapide. Noi sopra la terra, noi sotto la terra. Le bambine con la terra negli occhi, lo zio con la terra negli occhi naviga sotto terra perché lui è ebreo.

Una muraglia d'acqua si rovescia come un'onda su di me. Non piangere dice Baby, si china su di me e mi bacia. Torniamo a casa. Elsa mi mette le pezze bagnate sulla fronte che brucia.

Il dottore si china su di me e ascolta il mio cuore. Poi mi guarda sbigottito. Salvami gli chiedo sotto voce, all'orecchio. Lui ha certamente visto il mio male ma ha fatto finta di nulla.

Baby sul ramo dell'albero. Cogliamo i fichi. È estate, Baby ha quattro anni. Baby alle elementari, Baby cresce, il campo di girasoli, il grano, Baby è alta più del grano. Il paltoncino rosso di Baby è diventato corto. Baby cresce. Anche io. Gli stivali per la pioggia lucidi, i ciclamini nel bosco, cogliamo le fragole, i nostri sogni. Baby nel mio letto, le mie poesie. A chi leggerò più le mie poesie? Baby non mi vuole più bene.

Chi è questo bellimbusto? È uno studente straniero che è qui con una borsa di studio. Si chiama Stephen.

Baby è cambiata, si pavoneggia nel vestito, si riempie di collanine e braccialetti.

Baby scosta i capelli dalla fronte, i suoi ricci impertinenti. Mentre la osservo da dietro una tenda il cuore mi si fa sempre più piccolo, tra poco scomparirà e al posto del cuore resterà un cristallo.

Baby volteggia per la casa come una farfalla, poi scende giù per lo scalone con la borsetta in mano e si getta nelle braccia di Stephen.

Il mio cuore non batte più.

Baby è cambiata. Quante volte si è fatta accompagnare da quel bellimbusto? La casa è vuota senza Baby.

Mi sento vacillare. Baby è con Stephen. Cosa faccio? Baby è andata con Stephen.

Baby è mia, urlo. Lasciala!

No, non la lascio, dice Stephen.

Baby è mia, ho urlato, prendendo Baby per un braccio e spingendo via Stephen.

Che fai Penny?

Baby con le guance rosse si avvicina a Stephen che è caduto per terra.

Non fare male a Stephen, grida Baby. Le guance accese.

Stephen mi dà uno spintone. Prende Baby per un braccio e la trascina via.

Io gli salto addosso.

Vieni con me!

No, vieni con me, grida lui.

Mi aggrappo a Baby con tutte le mie forze.

Lasciami, dice Baby e si divincola. Io la riacchiappo.

Lasciami, dice svincolandosi da me.

Ti odio, urlo, mentre loro due scendono le scale.

Mi fermo in cima alle scale.

Vai vai con Stephen, urlo, ti odio, ti odio, ti odio!

Scendo a precipizio lo scalone e raggiungo Baby. La prendo per mano e la strappo a Stephen.

Se vuoi tua sorella te la sposi, urla Stephen, e mi strappa Baby di mano e se la porta via, come se fosse sua proprietà.

Perché tu te la sposi forse? urlo.

Certo che ci sposiamo, vero Baby? e la stringe a sé.

Baby si volta e dice: Sì che ci sposiamo!

Faccio appena in tempo a riacchiappare il braccio di Baby e a tirarlo con forza. Mi tiro con lei tutta la casa, il passato, metto il piede dentro la fessura della porta. Io tiro da una parte, Stephen dall'altra, uno strattone, un urlo. Baby, un dito di Baby chiuso nella porta. Chi ha fatto male a Baby?

Io ho fatto male a Baby.

No! È stato Stephen a chiudere la porta.

Urla di dolore di Baby.

Come ho potuto fare male alla mia gemellina? Fuggo via. Io ho fatto male a Baby.

***

Voglio andarmene, lasciare questa città subito, salire sul primo treno che parte.

Ma prima, però, devo andare alla toilette.

Mi dicono che i gabinetti stanno sotto la stazione.

Scendo, un poliziotto mi indica di andare in fondo a destra. I gabinetti in Italia stanno tutti in fondo a destra.

Il poliziotto ha una pistola. Forse io dovrei andare in Germania a uccidere quelli che hanno ucciso i miei parenti. È questo quello che devo fare, ma come rubare questa pistola, a chi chiederne una e poi chi sono «loro»? Chi gli ha dato l'ordine di ucciderli? Dove li trovo? In che città della Germania?

L'importante è salire su un treno e andarsene, ma prima voglio bere un tè al bar della stazione.

C'è un sacco di gente, mi siedo, ma poi mi sento persa e mi viene da piangere.

Adesso parto, sto per partire.

Mi si para davanti un giovane alto e dinoccolato con la faccia di Cristo, barba e capelli lunghi. «Perché piangi?».

Io tra le lacrime racconto tutto come un fiume, lui ascolta interessato, probabilmente non capisce niente. Mi dice in un pessimo italiano che è americano, che non vuole più andare via da Firenze, questa città stupenda. Si siede al mio tavolo.

Mi piace è dolce e scrive poesie. Mi porterò questo Cristo a casa mia così non starò più sola.

Giriamo per la città mano nella mano e cantiamo una canzoncina che fa «*I've got you under my skin...*».

Ridiamo, ci diamo la mano.

Con gli occhi di Milton, guardo Firenze dall'alto di Fiesole e capisco che sono davanti al Paradiso terrestre. Ma come ho potuto pensare di lasciare questa città? Tutto qui è stupendo.

Ci rivediamo e passiamo le serate con i suoi amici, un americano, Jack, e un francese, Guillaume. Passeggiamo per le strade e i vicoli di Firenze. Ci fermiamo a San Frediano, Guillaume canta con la chitarra, c'è la luna ed è tutto molto bello. Questa città non è una città, ma è la mia casa, la mia stupenda casa. Non la lascerò mai. Ci spostiamo e andiamo a San Lorenzo, seduti sulle scale della chiesa stiamo lì fino all'alba a bere a cantare e a chiacchierare. Come si fa ad andare a dormire con una luna così?

Una sera tornando a piedi da Fiesole a Firenze ci siamo fermati a Santa Maria Novella. Volevo prendere un panino al bar ma Milton mi dice, adesso ti porto al Grand Hotel Baglioni, dove ho un amico che certamente ci offrirà qualcosa. Dice che è uno scrittore importante, è dell'Intelligent Service ed è molto famoso perché ha scritto un libro intitolato *The Gallery*, si tratta della Galleria Umberto I di Napoli e racconta dell'arrivo dei soldati americani durante la guerra e descrive i napoletani e ciò che è successo. Ora lui è ricco e famoso.

Entriamo nell'albergo e Milton mi presenta a un bell'uomo, occhi celesti e viso interessante. È uno scrittore, si chiama John Horne Burnes, è seduto su un grande divano attorniato da amici. Alcuni giovani neri con le loro donne suonano jazz, uno il piano e uno la tromba. Tutti bevono. Il signor John Horne Burnes offre da bere a tutti, anche a noi due. Seduto nel grande divano dell'albergo, continua a parlare mentre tutti ridono.

Io però non capisco quasi niente di quello che dicono anche perché non so bene l'inglese. Vedo solo che tutti bevono whisky e sono un po' sbronzi. Adesso li invito tutti a casa mia, approfitto del fatto che la tata non c'è, perché è andata in campagna al cimitero come sempre, io invece e anche Baby non ci siamo andate al cimitero. Allora Elsa ha detto ci vado io dal signor padrone a portargli i fiori, facendomi sentire in colpa.

Arrivo a casa con questo gruppo di persone con grande meraviglia di Baby e Stephen.

John Horne Burnes si mette sulla grande poltrona dello zio, continua a parlare e a tenere banco e continua ad offrire whisky a tutti. Si sono portati dietro un sacco di lattine di birra e adesso mangiano dei panini e fanno cadere per terra alcune lattine.

Abbiamo acceso molte candele e una tenda prende fuoco, ma è subito spento. Per terra è tutto sporco, per fortuna non c'è la tata.

Due si baciano per terra sul tappeto, uno suona il pianoforte a coda dello zio, tutti fumano e bevono. John Horne Burnes continua a parlare e a pontificare. Capisco che parla male degli americani, poi comincia a parlare male di tutto il mondo. La sua voce dopo un po' è strascicata, roca ma sempre più forte.

Si volta continuamente verso Milton e gli dice: «*Let's have a drink*» e gli batte una mano sulla spalla.

Il tono dei suoi discorsi non fa più ridere nessuno, comincia a parlare in modo apocalittico, secondo lui la nostra società sta affondando, siamo sull'orlo di un abisso, stiamo per naufragare tutti. Mi spaventa, mi deprime, tutti affonderemo.

John Horne Burnes si rivolge a Milton, «anche tu tornerai in America» e Milton dice «no, io non tornerò in America, voglio restare qua per sempre e scrivere poesie». Lui lo prende per un braccio e dice: «io sono ricco e famoso, me lo posso permettere e tu, tu vuoi fare il poeta? E come mangerai, con quali soldi sopravviverai qui, se non vuoi tornare in America?». E poi aggiunge: «per adesso ci sono i miei dollari, vero?». E lo stringe a sé.

«Vattene», dice Milton, «vattene, vattene! Non ti voglio più vedere!».

Con uno scatto di rabbia si alza barcollando e grida: «*Ok, ok, I'm going. I'm going*».

John Horne Burnes se ne va trascinandosi dietro i suoi amici. Ma Milton resta e mi abbraccia forte.

È notte, Baby e Stephen se ne vanno nella loro stanza al piano di sopra.

Io e Milton restiamo giù in salotto sdraiati sul tappeto, avviluppati da una ragnatela di timidezza. C'è la luna piena, ci stringiamo.

Milton mi carezza, le mie orecchie a conchiglia sono piene di mare.

Il battito del mio cuore rimbalza dentro le mie costole ad ogni sua carezza e le sue carezze vanno e vengono come le onde.

È una notte profonda, dove tutto può accadere. Lui mi bacia sulla bocca lasciandomi due diamanti ai lati delle labbra. Mi fabbrica seni di madreperla con le sue dita. Il mio desiderio scalpita e gli zoccoli rintronano nelle mie orecchie.

Il mio corpo non è che un suono ed ora si trasforma

in piume, le mie piume volano leggere per la stanza. Io sono un nido dove Milton si addormenta.

Mi risveglio tra le sue braccia. Fuori dalla finestra qualcuno grida e chiama Milton. Chi chiama il mio amore?

Mi alzo e guardo dalla finestra, lungo l'Arno delle Grazie e vedo completamente sbronzo lo scrittore che con la bottiglia in mano guarda su verso la nostra finestra e grida. Grida parole sconnesse e chiama Milton.

Milton si avvicina a me e tutti e due guardiamo giù John Horne Burnes che urla.

Tutto si svolge in un batter d'occhio. Lui urla a più non posso, chiama Milton e dice che se Milton non scende si butta nel fiume. Sale a fatica sulla spalletta dell'Arno, si dondola maledettamente ora su un piede, ora sull'altro, continuando a gridare e a bere dalla sua bottiglia.

Urla: «*Com'on Milton, come down!*».

Anche Baby e Stephen scendono a vedere. Ma quello è completamente matto, è capace di tutto, non vedi? Allora Milton va giù in strada.

Li vedo dalla finestra allontanarsi lentamente, Milton lo sostiene a fatica e lo trascina verso l'albergo.

«Ma che ci fa Milton con quell'omosessuale?» dice Stephen.

Io lo guardo stupita.

Mi volto e vedo la tata vestita di nero tornata dal cimitero, guarda il disordine della stanza e mi fissa con un'aria di rimprovero.

Sento la voce di Baby che mi chiama, mi chiama e grida: «vieni, il pranzo è pronto, siamo già a tavola».

Io esco dal letto in camicia da notte e scendo al piano di sotto. Entro nella camera da pranzo che dà nel salotto e vedo Baby che mette in tavola una zuppiera mentre Vincenzo si occupa della bambina.

«Come ti senti?», mi domanda Baby abbracciandomi. «Ti è passata la febbre? Stai meglio?».

«Sì, sto meglio».

«Ti ho fatto gli spaghetti, l'insalata e il pollo, siediti».

Mi siedo. Com'è bello essere abbracciata, coccolata e nutrita.

Mi siedo a tavola e guardo il cibo davanti a me.

Mi sento paralizzata.

«Mangia, perché non mangi?», mi chiede lui.

Io non rispondo. Guardo il piatto, la forchetta e il coltello.

«Perché non mangi?», chiede Baby.

Non posso, non riesco. La forchetta mi si infilza nella gola e il coltello mi si ficca nello stomaco.

Loro mi guardano stupefatti.

Lui chinandosi verso Baby bisbiglia sottovoce: «Dobbiamo mandarla da uno psichiatra».

VII

Mi fermo davanti alla porta, mi trema la mano quando suono il campanello, non riesco a immaginare come sarà questo psichiatra, mi aspetto un signore di una certa età, capelli grigi, un intellettuale con gli occhiali, tipico.

Mi immagino che mi guarderà con compassione, ma la mia meraviglia è totale quando si apre la porta e un gigante con i capelli rossi e la barba rossa mi scruta con i suoi occhi celesti dall'alto della sua mole e mi dice: «*Good morning*».

Mi fa entrare in una grande stanza piena di libri, molti dei quali aperti sui vari tavoli.

Mi dice a bruciapelo: «Adesso si sieda e scriva su questo foglio quello che lei vuole da me. Ritorno tra cinque minuti».

Quando torna legge ad alta voce la frase «Mi aiuti a non suicidarmi».

Lui per niente preoccupato mi dice con tono sbrigativo: «Dunque, risolviamo subito questo problema. Lì c'è una finestra aperta, io penso che lei abbia certamente tutte le ragioni per fare questo passo e io sono d'accordo con lei se lei ritiene di doverlo fare. La prego».

Guillaume Chpaltine, Lindsay Anderson, Lorenza Mazzetti e Richard Harris a Roma sul terrazzo della casa di via Vittoria 10 (fotografia di Bruno Grieco).

Si siede e mi indica la finestra.

Io non mi butto e sorrido divertita, sono affascinata da lui e dal suo modo di fare. Sono pronta a fare tutto quello che mi dice. Ma non è semplice ciò che lui vuole da me, infatti lui mi domanda: «Mi dica cosa prova, cosa sente in questo momento».

Io rispondo: «Penso che...».

Lui mi ferma e dice: «Non voglio sapere quello che lei pensa, ma quello che lei prova. Cosa sente in questo momento?».

«Io penso che lei pensa che io forse sono...».

Lui: «Non desidero sapere cosa lei pensa che io penso. Le ho chiesto cosa sente, non cosa pensa. Ovviamente non ha il coraggio di guardare le sue emozioni».

Da quel momento la terapia consiste in una attività creativa di immaginazione.

Lui dice: «Lei è al mare adesso e va verso l'acqua. Com'è il mare? Com'è il sole? Che ore sono?».

Io entro felice in questa fantasia e devo imparare pian piano a vivere le mie emozioni.

Tornerò ogni settimana.

***

Un giorno entro e sento una musica di sottofondo, lo prego di chiuderla.

«Perché dovrei», dice lui.

«Mi dà fastidio».

«Ma è così bella!».

«Mi dà fastidio, la prego, la chiuda».

«Interessante», dice lui, «interessante. Tu non vuoi sentire questa musica?».

«Non sopporto questa musica».

«Non sopporti Beethoven e neppure Mozart?».

«No, proprio no».

«Ma chi è che suonava questa musica, lo zio o la zia?».

«Tutti e due, spesso suonavano a quattro mani».

«Tu hai paura di questa musica?».

«No, non mi piace».

«Tu non vuoi piangere».

«No, non è vero, solo mi dà fastidio».

«Tu hai paura di essere sommersa e allagata dalle tue lacrime, non è vero?».

«Insomma, la vuole spegnere, per favore!», grido.

Lui è in piedi e alza il sonoro. La musica è sempre più forte, io sono paralizzata, malgrado gli sforzi che provo a fare, ma non ci riesco. La musica è troppo forte.

Allora lui si alza e con tutta la sua possanza mi si para davanti, mi guarda negli occhi e mi dice:

«Adesso sono tuo zio, sono venuto qui per vederti, sono tuo zio, dimmi quello che avresti voluto dirmi e che non mi hai ancora detto. Avanti, dimmelo, dimmi quello che mi vuoi dire!».

La musica mi invade, lui insiste: «Dimmi quello che mi vuoi dire e non mi hai ancora detto».

In un singhiozzo irrefrenabile mormoro: «Zio Robert ti amo!». E crollo ai suoi piedi in un mare di lacrime.

Vado a fondo e mentre scendo verso il basso vedo

salire in superficie un soldato tedesco con il mitra in mano, lo punta contro di me e spara.

***

Per troppo tempo sono rimasti nel mio inconscio. Non potevo affrontare il ricordo di quella scena tremenda e il vuoto insostenibile della loro assenza. Zia Nina, la mia cara mamma adottiva, si era nascosta sotto la coltre dell'oblio per non farmi ricordare che lei non c'è più. Questo vuoto è tanto terribile da impedirmi di respirare. Sento il mio cuore che non batte più. Ma poi ogni tanto ricompare.

Sono con i piedi fra l'erba, ci sono tante margheritine, è impossibile non calpestarne qualcuna. Io, Baby, Cicci e Luce la seguiamo; lei cammina portando il cesto e noi lo riempiamo; il sole brilla, le foglie degli alberi tremolano al vento. Io sono felice. Poi mi fermo pensierosa. Sono felice perché lei è con noi e mi domando: e se lei non ci fosse? Lei è il sole, senza di lei ci sarebbe il buio. Spaventata la rincorro e le offro i miei fiori. Lei si china, mi sorride e mi abbraccia. Io, piena di gioia, mi attacco a lei, la stringo, mi aggrappo al suo vestito. Non la lascio andare e scoppio in un pianto.

Adesso sì, sono pronta. È venuto il momento. Voglio parlare di loro e raccontare al mondo ciò che ho visto.

***

Prendo il treno per raggiungere il mio amico Guillaume, uno scrittore francese che mi invita nel suo casolare a Sperlonga, un piccolo paesino a picco sul mare, e qui racconterò della mia infanzia.

In treno sono seduta vicino al finestrino. Nello scompartimento c'è anche un prete intento a leggere il suo breviario. Mi domando se credo in Dio e nell'aldilà. Poi mi chiedo dove sono loro. Perché non si fanno vivi in qualche modo?

Ma io credo? Certo, era bello andare in chiesa con le statue dei santi che si potevano toccare e pregare. Col parroco vestito di trine aiutato da Zeffirino, il chierichetto.

La chiesa è piena di contadini. Gli uomini si tolgono un cappello. Le donne portano un velo in testa. Il parroco sale e scende dall'altare. Si rivolge a noi con una lingua incomprensibile. Parla in latino. Scende e ci avvolge dentro un fumo profumato. Poi torna sull'altare. È molto indaffarato. Sposta oggetti. Prende in mano una coppa d'oro. Pronuncia di nuovo frasi incomprensibili. Poi suona un campanellino. Tutti si alzano in piedi e nella chiesa scende il silenzio. Ci si prepara alla discesa di Gesù fra di noi.

I bambini non possono fare la comunione. Possono farla solo dopo avere studiato il catechismo.

Noi bambini sotto un albero parliamo di Dio e di Gesù. Seduti sul prato chiacchieriamo e scherziamo. Baby dice, ma se si chiacchiera, si scherza e si fa chiasso, Gesù non può scendere tra noi. Allora abbiamo fatto silenzio. Siamo stati tutti zitti per un po' di tempo, e poi Gesù è sceso tra noi.

L'abbiamo capito dal tremolio delle foglie dell'albero al suo passaggio.

Ad un certo punto del viaggio il prete interrompe la lettura, mi guarda e poi si alza in piedi. Mi si para davanti e dice: «Su, dimmi che cos'è la fede».

Io rispondo a tamburo battente: «La fede è quella virtù soprannaturale per cui crediamo nell'autorità di Dio, ciò che egli ci ha rivelato e ci propone a credere per mezzo della santa chiesa cattolica».

«Brava», dice il prete, «si vede che hai studiato il catechismo. E dimmi, quanti sono i vizi capitali?».

«I sette vizi capitali sono: accidia, avarizia, lussuria, gola...».

«Non lo sai, eh? Di quante specie è il peccato?».

Allora io dico: «Di venti specie, padre, di venti specie!».

«No!», urla lui irritato. «Il peccato è di due specie, dico due: il peccato originale e quello attuale. E dimmi bene, in quanti modi si commette il peccato attuale?».

«Il peccato attuale si commette in pensieri, opere e commissioni...».

«No! Omissioni, non commissioni! E adesso dimmi, c'è una persona che non commette mai peccato, sai chi è? Il pa... pa... Il pa...».

«Il padre!».

«No! Il papa. E chi è il papa?».

«Il papa è il successore di San Pietro, capo visibile della Chiesa, mentre Gesù è il capo invisibile della Chiesa».

«Brava! E quanti sono i misteri della fede?».

«I misteri della fede sono cinque, padre, unità, trinità, incarnazione, passione e morte di nostro Signore Gesù Cristo».

«No!» urla il prete. «I misteri della fede sono due: Unità e Trinità, che fa uno. Incarnazione, Passione e Morte di nostro Signore Gesù Cristo, che fa due. E i precetti della Chiesa quanti sono?».

«I precetti della Chiesa sono cinque», dico io, «e sono: udir messa la domenica, non mangiar carne di venerdì, confessarsi almeno una volta l'anno e coniugarsi a Pasqua».

«No! Comunicarsi per Pasqua!».

Il prete, sempre più agitato, si guarda intorno per cercare qualcuno più bravo di me. «Chi di voi sa dirmi l'Atto di dolore?».

«Io! Io! Io...» e tutta emozionata urlo: «Mio Dio mi pento e mi dolgo con tutto il cuore dei miei peccati, perché peccando ho meritato il vostro castigo e molto più perché ho offeso voi infinitamente buono e degno di essere amato sopra ogni altra cosa».

«Brava. Basta, si vede che hai studiato il catechismo, perché se non studiate non ve la faccio fare la Comunione. E vediamo, quali sono le tre persone della Trinità?».

Baby risponde: «Il padre, la madre e il figlio!».

«E Dio», domanda il prete, «dove lo metti?».

«Dio è il nonno».

«Zeffirino, rispondi tu. Quali sono le tre persone della Trinità?».

«Sono: Dio, Dia e Diu».

«Oh santa pazienza! Allora, vediamo un po'... Passiamo ad altro argomento. Chi ha ucciso Gesù?».

«Gli ebrei!», rispondono in coro i bambini.

«Bravi! E per questo sono de... de... de...».

«Delinquenti!».

«No! De... de... de...? Non lo sapete? Deicidi! Perché uccidendo Gesù, hanno ucciso Dio».

E io dico: «Ma mio zio non era nato all'epoca!».

«È vero, ma questa colpa ricade sugli ebrei per sempre».

Resto interdetta e penso che l'odio contro gli ebrei in tutto il mondo, la loro demonizzazione, ha trasformato il popolo amato da Dio nel popolo maledetto da Dio. Così il loro sterminio è sembrato a tutti giusto e doveroso.

Quand'ecco che il prete, in piedi davanti a me, tutto rosso in viso, alza il braccio e mi dà uno schiaffo.

Il treno si è fermato. Scendo. Il prete mi saluta e mi sorride.

Il mio amico Guillaume Chpaltine è venuto a prendermi. Scendo dal treno e corro verso di lui abbracciandolo. Salgo sulla sua macchina e partiamo verso il mare e il piccolo paese di Sperlonga.

A casa ci aspetta una contadina con una frittata buonissima e dei bei carciofi. Mi sento felice. Io scriverò il mio libro, e anche Guillaume scriverà il suo.

Seduta al Bar Corallo davanti alla grotta di Tiberio e a un mare calmo, guardo la pagina bianca e non so come affrontarla. Mi immergo nella mia infanzia e scrivo:

Pensierino: Raccontate cosa avete fatto oggi.
Svolgimento: Oggi a scuola il Duce ha parlato e ci ha detto di fare la ginnastica per diventare forti, educati e pronti a una sua chiamata per difendere la nostra grande Italia. Perché c'è la guerra.

Io mi domando se posso amare mio zio più del Duce. Io amo Baby come Gesù, proprio come Gesù e amo Gesù un po' più di Dio e Dio come Mussolini, e l'Italia e la Patria meno di Dio ma più del mio orso giallo...

Dopo aver scritto queste righe, prendo il foglio e lo butto nel cestino, non era serio parlare di una tragedia così grande in questo modo, come se fossi una bambina.

Per fortuna il mio amico Guillaume, che sta scrivendo il suo libro per l'editore Juillard, raccoglie il foglio dal cestino e dice:

«*C'est magnifique!* Continua così per tutto il libro!».

«Ma non è serio».

«È proprio lì la sua bellezza. Non è mica un saggio sul Nazismo! Vero?».

***

In venti giorni scrivo il libro seduta al Bar Corallo guardando il mare. Lo spedisco a tutti gli editori, nessuno mi risponde.

Passano molti mesi e dopo varie sollecitazioni, ricevo una letterina da tutti, e tutti mi dicono che il libro non interessa alla loro casa editrice.

Io sono molto triste, ma tra le lettere ce n'è una di Cesare Zavattini che mi annuncia di essere entusiasta del libro e di averlo dato ad Attilio Bertolucci, direttore della Garzanti, che lo pubblica immediatamente e lo spedisce al Premio Viareggio.

Improvvisamente appare un giovane giornalista mandato da Zavattini e chiede di me. Sono invitata al Festival del Cinema Libero di Porretta Terme dove si proiettano i film del Free Cinema. E ci sarà Lindsay Anderson.

Partiamo in macchina per Porretta Terme: io, Guillaume e Bruno Grieco (così si chiama il giornalista).

Non so ancora che da quel momento non mi staccherò più da lui.

Notizia

Il cielo cade, rifiutato da tutti gli editori, piace moltissimo a Cesare Zavattini che lo consegna ad Attilio Bertolucci, che dirige la casa editrice Garzanti. Il libro viene pubblicato da Garzanti con una prefazione di Cesare Zavattini, e Attilio Bertolucci decide di mandarlo al Premio Viareggio.

Nel 1962 *Il cielo cade* vince il Premio Viareggio opera prima.

Trenta anni dopo viene ripubblicato da Sellerio come autobiografia e dedicato allo zio Robert Einstein e alla sua famiglia.

Dal libro viene tratto un film sceneggiato da Suso Cecchi d'Amico, per la regia dei fratelli Frazzi e prodotto da Silvia d'Amico.

Nel 2010 racconto in 80 quadri la vita nella villa della famiglia Einstein e dei miei parenti. Il catalogo ha un testo altrettanto ingenuo e spiritoso come *Il cielo cade*.

La mostra ha suscitato l'interesse delle scuole e di vari comuni ed è diventata una mostra itinerante.

A Roma, al Complesso Monumentale di San Michele,

a Bologna per il Festival di Porretta Terme, a Firenze a Palazzo Medici Riccardi, a Mantova alla Casa del Rigoletto e ora in preparazione in altre città in Italia e all'estero.

La tragedia della famiglia Einstein è rimasta sotto censura per tutti questi anni e ancora lo è. Si è voluto far passare questo assassinio come una delle tante operazioni belliche avvenute in quel tempo, mentre a mio parere è stata l'esecuzione di un ordine preciso rivolto ai famigliari di Einstein. Infatti mia sorella ed io, altri parenti e tutti i contadini, siamo stati risparmiati.

Il tentativo di Albert Einstein di fare luce sullo sterminio della famiglia del cugino Robert, è stato ostacolato da un ordine preciso, sia da parte degli inglesi che degli americani, durante le trattative di resa dei tedeschi. Presumibilmente non si voleva processare Kesserling impegnato nelle trattative di resa e liberato poco dopo la fine della guerra.

D'altronde il documento del maggiore Milton R. Wexler, dell'Ufficio Inspector General Fifth Army, parla molto chiaramente quando alla fine della sua lettera scrive ad Albert Einstein: «Mi dispiace che la censura mi impedisca di parlare di questa tragedia della quale so tutto...».

Improvvisamente il mondo dei cinefili comincia ad interessarsi e a scoprire il mio ruolo nel cinema; i miei due film, *La metamorfosi* e *Together*, diventano film cult.

Il movimento del Free Cinema prende poi il nome di The Angry Young Men.

La rabbia si sposta dal cinema al teatro e Tony Richardson decide un mese dopo il nostro successo di lanciare un «giovane arrabbiato», John Osborne, del quale teneva da tempo un testo nel cassetto: *Look back in anger* (Ricorda con rabbia), e ottiene un successo strepitoso.

Londra è pronta per azioni più forti, per un cinema non più documentaristico. Grandi film possono finalmente essere prodotti su questi temi. Karel e Tony producono i loro film e quelli dei loro amici. Indimenticabili i primi, in bianco e nero, come *Sapore di miele*, storia di un omosessuale che colma il vuoto di una ragazza abbandonata dal partner sostituendosi a lui, diventando il padre del ragazzino appena nato.

Non solo i temi di questi film sono interessanti e nuovi, ma anche gli attori sono vere e proprie scoperte: Maria Schneider in questo film di Tony Richardson, Albert Finney in *Sabato sera e domenica mattina* di Karel Reisz, e poi Richard Harris, Tom Courtney e infine Malcom Mac Dowell, protagonista assoluto di *If*, film cult dei giovani dell'epoca.

Ma questa «rabbia» coinvolge contemporaneamente scenografi e scrittori, David Storey e Harold Pinter per esempio. E poi filosofi e saggisti come Colin Wilson, che con il suo *The Outsider* si ricollega a *Lo straniero* di Albert Camus.

Ma la cosa più bella e più forte è la conseguenza di questo movimento. I giovani che si trovano nelle cantine per suonare musica rock escono come dei «beatles» dai loro buchi perché finalmente c'è una classe potente che li applaude e gli riconosce il diritto di esprimersi. La loro voce e le loro canzoni non sono più chiuse in cantina, ma acquistano il diritto di divenire storia grazie a questo movimento. Il Free Cinema Movement è riuscito a dar voce a chi non ne aveva. Un riconoscimento pubblico del loro talento e del loro potere rivoluzionario.

Il 15 marzo 2013, vengo invitata a Londra dalla Slade School of Fine Art per mostrare agli studenti i miei film: *K*, tratto da *La metamorfosi* di Franz Kafka (sconosciuto al pubblico), e *Together*.
Lindsay Anderson con il movimento da lui creato ha fondato il primo festival internazionale del cinema indipendente, cioè libero da vincoli commerciali e di mercato. È molto riduttivo considerare il Free Cinema Movement come un movimento che si occupa dei problemi degli operai inglesi e della lotta contro la *upper class*. Tutti i film arrivati dall'America e dal Canada, dalla Francia, dalla Polonia ecc., hanno portato temi diversi, originali e nuovi, alcuni erano documentari, altri no.
Il primo festival internazionale di cinema indipendente, copiato poi dalla Nouvelle Vague e dal Cinema Indipendente Americano, ha reso molti di questi registi famosi, le cui idee hanno un effetto ancora evidente sulla cinematografia di oggi.

Durante questa visita a Londra ho voluto cercare la casa dell'architetto Goldfinger dove ero stata ospite per qualche tempo. Con mia sorpresa, non ho trovato nessuno che abitava lì, nemmeno i figli, ma la casa era diventata un piccolo museo con una fila di persone che aspettavano di entrare per visitare l'abitazione e la collezione di opere raccolte dal Ernö Goldfinger.

Proprio dopo aver concluso il mio libro, ho ricevuto una telefonata da Praga, mi si avvertiva della morte del mio caro amico Karel Reisz e mi si domandava se potevo partecipare a un documentario su di lui. Così sono venuta a sapere che Karel era uno dei bambini che, grazie all'operazione conosciuta con il nome di «Kindertransport», si era rifugiato in Inghilterra scampando così la morte toccata ai suoi familiari.

Mi dispiace tanto di non aver saputo che Karel fosse ebreo e di non aver parlato a nessuno della mia infanzia. Questo è il mistero dei sopravvissuti, cioè prima il bisogno di dimenticare per sopravvivere, poi col tempo il senso di colpa per aver dimenticato e quindi non avere testimoniato l'orrore.

Questo ho voluto raccontare nel mio *Diario londinese*.

L. M.

Ringraziamenti

Ariel e Ribes, per l'aiuto datomi alla stesura di questo libro.

Tutta la ciurma di amici che materialmente ed economicamente mi hanno aiutato ad allestire la mostra a Palazzo San Michele, dal titolo «Album di famiglia, storia di una bambina sotto il fascismo», ispirata al mio libro *Il cielo cade*: Lola e Poldo, Isabella, Michele, Claudia e Gaetano.

Aldo e Nadia Rostagno, Salvatore Colella, Giuseppe Ferraro, Gaia Franchetti, Stefano e Lilli Rizzo, Davide Grieco, Walter Pretolani, Jeanne Waldlman, Ruggero Savinio, Laura Pesce, Georges de Canino, Leo Passerman, Marika Bentivoglio, Don Matteo Zuppi.

E ancora: Giulia Barberini, Laura Gigli e Simonetta Druda artefici della mostra al Complesso Monumentale di San Michele a Roma, allietata dall'orchestra Klezmer di Norman Mozzato.

Infine il mio aiutante magico Riki.

L. M.

Indice

Diario londinese

I	11
II	24
III	41
IV	66
V	86
VI	112
VII	128
Notizia	139
Ringraziamenti	147

Questo volume è stato stampato
su carta Palatina
delle Cartiere di Fabriano
nel mese di giugno 2015

Stampa: Officine Grafiche soc. coop., Palermo

Legatura: LE.I.MA. s.r.l., Palermo

La memoria

Ultimi volumi pubblicati

701 Angelo Morino. Rosso taranta
702 Michele Perriera. La casa
703 Ugo Cornia. Le pratiche del disgusto
704 Luigi Filippo d'Amico. L'uomo delle contraddizioni. Pirandello visto da vicino
705 Giuseppe Scaraffia. Dizionario del dandy
706 Enrico Micheli. Italo
707 Andrea Camilleri. Le pecore e il pastore
708 Maria Attanasio. Il falsario di Caltagirone
709 Roberto Bolaño. Anversa
710 John Mortimer. Nuovi casi per l'avvocato Rumpole
711 Alicia Giménez-Bartlett. Nido vuoto
712 Toni Maraini. La lettera da Benares
713 Maj Sjöwall, Per Wahlöö. Il poliziotto che ride
714 Budd Schulberg. I disincantati
715 Alda Bruno. Germani in bellavista
716 Marco Malvaldi. La briscola in cinque
717 Andrea Camilleri. La pista di sabbia
718 Stefano Vilardo. Tutti dicono Germania Germania
719 Marcello Venturi. L'ultimo veliero
720 Augusto De Angelis. L'impronta del gatto
721 Giorgio Scerbanenco. Annalisa e il passaggio a livello
722 Anthony Trollope. La Casetta ad Allington
723 Marco Santagata. Il salto degli Orlandi
724 Ruggero Cappuccio. La notte dei due silenzi
725 Sergej Dovlatov. Il libro invisibile
726 Giorgio Bassani. I Promessi Sposi. Un esperimento
727 Andrea Camilleri. Maruzza Musumeci
728 Furio Bordon. Il canto dell'orco
729 Francesco Laudadio. Scrivano Ingannamorte
730 Louise de Vilmorin. Coco Chanel
731 Alberto Vigevani. All'ombra di mio padre
732 Alexandre Dumas. Il cavaliere di Sainte-Hermine

733 Adriano Sofri. Chi è il mio prossimo
734 Gianrico Carofiglio. L'arte del dubbio
735 Jacques Boulenger. Il romanzo di Merlino
736 Annie Vivanti. I divoratori
737 Mario Soldati. L'amico gesuita
738 Umberto Domina. La moglie che ha sbagliato cugino
739 Maj Sjöwall, Per Wahlöö. L'autopompa fantasma
740 Alexandre Dumas. Il tulipano nero
741 Giorgio Scerbanenco. Sei giorni di preavviso
742 Domenico Seminerio. Il manoscritto di Shakespeare
743 André Gorz. Lettera a D. Storia di un amore
744 Andrea Camilleri. Il campo del vasaio
745 Adriano Sofri. Contro Giuliano. Noi uomini, le donne e l'aborto
746 Luisa Adorno. Tutti qui con me
747 Carlo Flamigni. Un tranquillo paese di Romagna
748 Teresa Solana. Delitto imperfetto
749 Penelope Fitzgerald. Strategie di fuga
750 Andrea Camilleri. Il casellante
751 Mario Soldati. ah! il Mundial!
752 Giuseppe Bonarivi. La divina foresta
753 Maria Savi-Lopez. Leggende del mare
754 Francisco García Pavón. Il regno di Witiza
755 Augusto De Angelis. Giobbe Tuama & C.
756 Eduardo Rebulla. La misura delle cose
757 Maj Sjöwall, Per Wahlöö. Omicidio al Savoy
758 Gaetano Savatteri. Uno per tutti
759 Eugenio Baroncelli. Libro di candele
760 Bill James. Protezione
761 Marco Malvaldi. Il gioco delle tre carte
762 Giorgio Scerbanenco. La bambola cieca
763 Danilo Dolci. Racconti siciliani
764 Andrea Camilleri. L'età del dubbio
765 Carmelo Samonà. Fratelli
766 Jacques Boulenger. Lancillotto del Lago
767 Hans Fallada. E adesso, pover'uomo?
768 Alda Bruno. Tacchino farcito
769 Gian Carlo Fusco. La Legione straniera
770 Piero Calamandrei. Per la scuola
771 Michèle Lesbre. Il canapé rosso
772 Adriano Sofri. La notte che Pinelli
773 Sergej Dovlatov. Il giornale invisibile
774 Tullio Kezich. Noi che abbiamo fatto La dolce vita
775 Mario Soldati. Corrispondenti di guerra
776 Maj Sjöwall, Per Wahlöö. L'uomo che andò in fumo
777 Andrea Camilleri. Il sonaglio
778 Michele Perriera. I nostri tempi
779 Alberto Vigevani. Il battello per Kew
780 Alicia Giménez-Bartlett. Il silenzio dei chiostri

781 Angelo Morino. Quando internet non c'era
782 Augusto De Angelis. Il banchiere assassinato
783 Michel Maffesoli. Icone d'oggi
784 Mehmet Murat Somer. Scandaloso omicidio a Istanbul
785 Francesco Recami. Il ragazzo che leggeva Maigret
786 Bill James. Confessione
787 Roberto Bolaño. I detective selvaggi
788 Giorgio Scerbanenco. Nessuno è colpevole
789 Andrea Camilleri. La danza del gabbiano
790 Giuseppe Bonaviri. Notti sull'altura
791 Giuseppe Tornatore. Baarìa
792 Alicia Giménez-Bartlett. Una stanza tutta per gli altri
793 Furio Bordon. A gentile richiesta
794 Davide Camarrone. Questo è un uomo
795 Andrea Camilleri. La rizzagliata
796 Jacques Bonnet. I fantasmi delle biblioteche
797 Marek Edelman. C'era l'amore nel ghetto
798 Danilo Dolci. Banditi a Partinico
799 Vicki Baum. Grand Hotel
800
801 Anthony Trollope. Le ultime cronache del Barset
802 Arnoldo Foà. Autobiografia di un artista burbero
803 Herta Müller. Lo sguardo estraneo
804 Gianrico Carofiglio. Le perfezioni provvisorie
805 Gian Mauro Costa. Il libro di legno
806 Carlo Flamigni. Circostanze casuali
807 Maj Sjöwall, Per Wahlöö. L'uomo sul tetto
808 Herta Müller. Cristina e il suo doppio
809 Martin Suter. L'ultimo dei Weynfeldt
810 Andrea Camilleri. Il nipote del Negus
811 Teresa Solana. Scorciatoia per il paradiso
812 Francesco M. Cataluccio. Vado a vedere se di là è meglio
813 Allen S. Weiss. Baudelaire cerca gloria
814 Thornton Wilder. Idi di marzo
815 Esmahan Aykol. Hotel Bosforo
816 Davide Enia. Italia-Brasile 3 a 2
817 Giorgio Scerbanenco. L'antro dei filosofi
818 Pietro Grossi. Martini
819 Budd Schulberg. Fronte del porto
820 Andrea Camilleri. La caccia al tesoro
821 Marco Malvaldi. Il re dei giochi
822 Francisco García Pavón. Le sorelle scarlatte
823 Colin Dexter. L'ultima corsa per Woodstock
824 Augusto De Angelis. Sei donne e un libro
825 Giuseppe Bonaviri. L'enorme tempo
826 Bill James. Club
827 Alicia Giménez-Bartlett. Vita sentimentale di un camionista
828 Maj Sjöwall, Per Wahlöö. La camera chiusa

829 Andrea Molesini. Non tutti i bastardi sono di Vienna
830 Michèle Lesbre. Nina per caso
831 Herta Müller. In trappola
832 Hans Fallada. Ognuno muore solo
833 Andrea Camilleri. Il sorriso di Angelica
834 Eugenio Baroncelli. Mosche d'inverno
835 Margaret Doody. Aristotele e i delitti d'Egitto
836 Sergej Dovlatov. La filiale
837 Anthony Trollope. La vita oggi
838 Martin Suter. Com'è piccolo il mondo!
839 Marco Malvaldi. Odore di chiuso
840 Giorgio Scerbanenco. Il cane che parla
841 Festa per Elsa
842 Paul Léautaud. Amori
843 Claudio Coletta. Viale del Policlinico
844 Luigi Pirandello. Racconti per una sera a teatro
845 Andrea Camilleri. Gran Circo Taddei e altre storie di Vigàta
846 Paolo Di Stefano. La catastròfa. Marcinelle 8 agosto 1956
847 Carlo Flamigni. Senso comune
848 Antonio Tabucchi. Racconti con figure
849 Esmahan Aykol. Appartamento a Istanbul
850 Francesco M. Cataluccio. Chernobyl
851 Colin Dexter. Al momento della scomparsa la ragazza indossava
852 Simonetta Agnello Hornby. Un filo d'olio
853 Lawrence Block. L'Ottavo Passo
854 Carlos María Domínguez. La casa di carta
855 Luciano Canfora. La meravigliosa storia del falso Artemidoro
856 Ben Pastor. Il Signore delle cento ossa
857 Francesco Recami. La casa di ringhiera
858 Andrea Camilleri. Il gioco degli specchi
859 Giorgio Scerbanenco. Lo scandalo dell'osservatorio astronomico
860 Carla Melazzini. Insegnare al principe di Danimarca
861 Bill James. Rose, rose
862 Roberto Bolaño, A. G. Porta. Consigli di un discepolo di Jim Morrison a un fanatico di Joyce
863 Stefano Benni. La traccia dell'angelo
864 Martin Suter. Allmen e le libellule
865 Giorgio Scerbanenco. Nebbia sul Naviglio e altri racconti gialli e neri
866 Danilo Dolci. Processo all'articolo 4
867 Maj Sjöwall, Per Wahlöö. Terroristi
868 Ricardo Romero. La sindrome di Rasputin
869 Alicia Giménez-Bartlett. Giorni d'amore e inganno
870 Andrea Camilleri. La setta degli angeli
871 Guglielmo Petroni. Il nome delle parole
872 Giorgio Fontana. Per legge superiore
873 Anthony Trollope. Lady Anna
874 Gian Mauro Costa, Carlo Flamigni, Alicia Giménez-Bartlett, Marco Malvaldi, Ben Pastor, Santo Piazzese, Francesco Recami. Un Natale in giallo

875 Marco Malvaldi. La carta più alta
876 Franz Zeise. L'Armada
877 Colin Dexter. Il mondo silenzioso di Nicholas Quinn
878 Salvatore Silvano Nigro. Il Principe fulvo
879 Ben Pastor. Lumen
880 Dante Troisi. Diario di un giudice
881 Ginevra Bompiani. La stazione termale
882 Andrea Camilleri. La Regina di Pomerania e altre storie di Vigàta
883 Tom Stoppard. La sponda dell'utopia
884 Bill James. Il detective è morto
885 Margaret Doody. Aristotele e la favola dei due corvi bianchi
886 Hans Fallada. Nel mio paese straniero
887 Esmahan Aykol. Divorzio alla turca
888 Angelo Morino. Il film della sua vita
889 Eugenio Baroncelli. Falene. 237 vite quasi perfette
890 Francesco Recami. Gli scheletri nell'armadio
891 Teresa Solana. Sette casi di sangue e una storia d'amore
892 Daria Galateria. Scritti galeotti
893 Andrea Camilleri. Una lama di luce
894 Martin Suter. Allmen e il diamante rosa
895 Carlo Flamigni. Giallo uovo
896 Maj Sjöwall, Per Wahlöö. Il milionario
897 Gian Mauro Costa. Festa di piazza
898 Gianni Bonina. I sette giorni di Allah
899 Carlo María Domínguez. La costa cieca
900
901 Colin Dexter. Niente vacanze per l'ispettore Morse
902 Francesco M. Cataluccio. L'ambaradan delle quisquiglie
903 Giuseppe Barbera. Conca d'oro
904 Andrea Camilleri. Una voce di notte
905 Giuseppe Scaraffia. I piaceri dei grandi
906 Sergio Valzania. La Bolla d'oro
907 Héctor Abad Faciolince. Trattato di culinaria per donne tristi
908 Mario Giorgianni. La forma della sorte
909 Marco Malvaldi. Milioni di milioni
910 Bill James. Il mattatore
911 Esmahan Aykol, Andrea Camilleri, Gian Mauro Costa, Marco Malvaldi, Antonio Manzini, Francesco Recami. Capodanno in giallo
912 Alicia Giménez-Bartlett. Gli onori di casa
913 Giuseppe Tornatore. La migliore offerta
914 Vincenzo Consolo. Esercizi di cronaca
915 Stanisław Lem. Solaris
916 Antonio Manzini. Pista nera
917 Xiao Bai. Intrigo a Shanghai
918 Ben Pastor. Il cielo di stagno
919 Andrea Camilleri. La rivoluzione della luna
920 Colin Dexter. L'ispettore Morse e le morti di Jericho
921 Paolo Di Stefano. Giallo d'Avola

922 Francesco M. Cataluccio. La memoria degli Uffizi
923 Alan Bradley. Aringhe rosse senza mostarda
924 Davide Enia. maggio '43
925 Andrea Molesini. La primavera del lupo
926 Eugenio Baroncelli. Pagine bianche. 55 libri che non ho scritto
927 Roberto Mazzucco. I sicari di Trastevere
928 Ignazio Buttitta. La peddi nova
929 Andrea Camilleri. Un covo di vipere
930 Lawrence Block. Un'altra notte a Brooklyn
931 Francesco Recami. Il segreto di Angela
932 Andrea Camilleri, Gian Mauro Costa, Alicia Giménez-Bartlett, Marco Malvaldi, Antonio Manzini, Francesco Recami. Ferragosto in giallo
933 Alicia Giménez-Bartlett. Segreta Penelope
934 Bill James. Tip Top
935 Davide Camarrone. L'ultima indagine del Commissario
936 Storia della Resistenza
937 John Glassco. Memorie di Montparnasse
938 Marco Malvaldi. Argento vivo
939 Andrea Camilleri. La banda Sacco
940 Ben Pastor. Luna bugiarda
941 Santo Piazzese. Blues di mezz'autunno
942 Alan Bradley. Il Natale di Flavia de Luce
943 Margaret Doody. Aristotele nel regno di Alessandro
944 Maurizio de Giovanni, Alicia Giménez-Bartlett, Bill James, Marco Malvaldi, Antonio Manzini, Francesco Recami. Regalo di Natale
945 Anthony Trollope. Orley Farm
946 Adriano Sofri. Machiavelli, Tupac e la Principessa
947 Antonio Manzini. La costola di Adamo